Mirabilia Italiæ
GUIDE

La Cathédrale de Modène

Der Dom von Modena

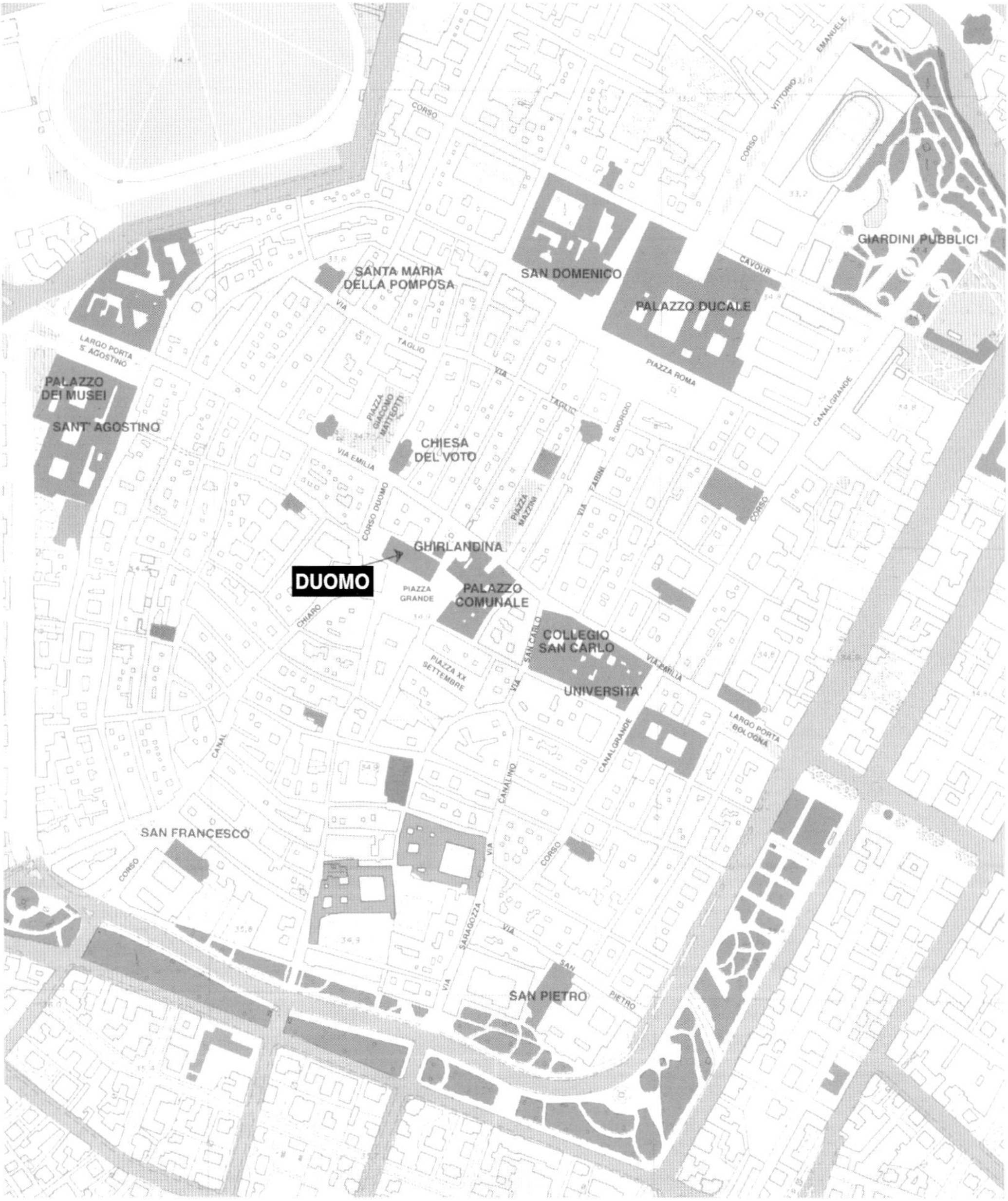

Plan du centre ville
de Modène.

*Straßenplan des historischen
Stadtkerns von Modena.*

Mirabilia Italiæ
GUIDE

La Cathédrale de Modène

Der Dom von Modena

Soigné par / *Herausgegeben von*
GIANFRANCO MALAFARINA

Photographies de / *Fotomaterial von*
GHIGO ROLI

FRANCO COSIMO PANINI

AVERTISSEMENT
Toutes les oeuvres illustrées et numérotées en bleu dans les légendes et les schémas sont énumérées et décrites avec un commentaire historique et critique dans la section des **Fiches** à partir de la page 107.

HINWEIS
Alle Werke, die in den Bildunterschriften und Abbildungen illustriert und in Blau nummeriert sind, werden im Teil mit den ***Tafeln****, der auf Seite 107 beginnt, in einem geschichtskritischen Kommentar angeführt und beschrieben.*

Traduction en français / *Deutsche Übersetzung*
CITI Traduzioni

Coordination éditoriale / *Verlegerische Koordination*
Rolando Bussi

Responsable de production / *Verantwortlicher für die Produktion*
Silvano Babini

Couverture / *Einbanddeckel*
Silvano Babini

Dessins et mise en page / *Zeichnungen und Umbruch*
Roberto Ghiddi, Alessandra Marrama, Massimo Pignatti

ISBN 88-8290-843-7

Viale Corassori, 24 - 41100 Modena - Italy
Tel. 059343572 - Fax 059344274
e-mail: info@fcp.it
www.francopanini.it

Introduction

L'histoire

Proclamé "Patrimoine de l'Humanité" par l'Unesco, avec le campanile *Ghirlandina* et la Grand Place *Piazza Grande* qui l'entoure, la Cathédrale de Modène s'élève à l'emplacement de l'ancienne basilique érigée sur volonté de l'évêque Théodore, entre la fin du IVe siècle et le début du Ve siècle, pour accueillir le sépulcre de san Geminiano, évêque de Modène, décédé le 31 janvier 397 et immédiatement proclamé saint patron de la ville. Dans les siècles suivants l'antique "Mutina", centre fleurissant de la voie *Emilia*, alla à l'encontre d'une longue période d'abandon et de décadence; ce n'est qu'en 752 que ce temple désormais en ruine est rebâti au cours d'une première reconstruction et fortification de la ville. Après trois siècles et demi, quand même ce deuxième édifice était désormais devenu inutilisable, le clergé et le peuple de Modène voulurent bâtir une nouvelle cathédrale. Et le 23 mai 1099, comme le rappelle la description minutieuse de la *Relatio* des travaux rédigée par le chanoine Aimone (figs. 1 et 2), les bases de l'actuelle Cathédrale furent jetées, tandis que le 9 juin de la même année, la pose de la première pierre marquait le début de la construction.

Authentique "Biblia pauperum" en pierre, dans laquelle les sculptures en relief ont un rôle essentiel de catéchèse du peuple de Dieu, la Cathédrale de Modène ne répond pas simplement à un dessein d'enseignement ou moralisant, mais c'est aussi l'oeuvre unanime de toute une ville, un très haut document de civilisation communale naissante, la revendication ferme et orgueilleuse d'autonomie et de liberté formulée de manière tangible, dans un moment historique particulier, par une communauté laborieuse et dévote mais intolérante à la toute puissance de l'autorité tant impériale que de l'Église. Vers la fin du XIe siècle, l'Italie se trouvait en effet en pleine "lutte pour les investitures", et le contraste entre la Papauté et l'Empire, tous deux désireux d'imposer leur suprématie même par le droit de nommer les évêques et les abbés dotés d'amples pouvoirs, avait déterminé, à Modène, une longue période de vacance du siège épiscopal. Jusqu'en 1094, bien que faisant partie des domaines du comté de Matilde di Canossa, la ville était restée solidement aux mains du puissant évêque Eribert, excommunié en 1081 par Grégoire VII pour ses sympathies pro-impériales et son appui donné à l'antipape Clément III. Mais après la mort d'Eribert et de son successeur Benoît, intronisé seulement en 1096 et disparu tout de suite après, le pape Urbain II avait eu bon nombre de difficultés pour trouver un autre candidat à son goût, qui ne devait pas être antipa-

Einleitung

Die Geschichte

Der Dom von Modena, der zusammen mit dem Glockenturm Ghirlandina *und der davor liegenden* Piazza Grande *von der UNESCO zum "Weltkulturerbe" erklärt wurde, steht an der Stelle einer antiken Basilika, die der Bischof Theodor zwischen dem Ende des 4. und dem Anfang des 5. Jahrhunderts errichten ließ, um das Grabmal des heiligen Geminianus, des am 31. Januar 397 verstorbenen Bischofs von Modena aufzunehmen, der sofort zum Schutzpatron der Stadt ernannt wurde. In den folgenden Jahrhunderten ging das antike "Mutina", das in der Römerzeit ein blühendes Zentrum an der Via Emilia gewesen war, einer langen Zeit der Verwahrlosung und des Niedergangs entgegen. Erst im Jahre 752 wurde das nunmehr dem Verfall preisgegebene Gotteshaus im Laufe des ersten Wiederaufbaus und der Befestigung der Stadt neu errichtet. Dreieinhalb Jahrhunderte später, als auch dieses zweite Bauwerk unbrauchbar geworden war, beschlossen der Klerus und die Bürger, eine neue Kathedrale zu bauen. So wurden am 23. Mai 1099, wie eine minutiöse* Relatio *berichtet, in der uns der Domherr Aimone die Arbeiten beschreibt (Abb. 1 und 2), die Grundmauern der augenblicklichen Kathedrale gelegt, während der Bau am 9. Juni des gleichen Jahres mit dem Verlegen des Grundsteins begann.*

Als authentische "Biblia pauperum" (Bibel der Armen) aus Stein, in der die Reliefs eine wesentliche Rolle für die Katechese des Gottesvolkes spielten, entspricht der Dom von Modena nicht nur einer artikulierten Zeichnung mit erziehendem und versittlichendem Inhalt, sondern stellt ebenfalls das einmütige Werk einer ganzen Bürgerschaft dar, ein hohes Zeugnis von der Geburt der kommunalen Kultur, die entschlossene und stolze Inanspruchnahme von Selbständigkeit und Freiheit, die auf eine fassbare Weise in einem ganz besonderen geschichtlichen Augenblick von einer arbeitsamen und frommen Gemeinschaft formuliert wurde, die der Übermacht des Kaisers und der Kirche nunmehr überdrüssig war. Gegen Ende des 11. Jahrhunderts befand Italien sich nämlich mitten im "Investiturstreit". Der Kontrast zwischen dem Papsttum einerseits und dem Kaisertum andererseits, die beide ihre Vorherrschaft auch durch das Recht zur Ernennung von Bischöfen und Äbten durchsetzen wollten, die damals über große Macht verfügten, hatte in Modena dazu geführt, dass der Bischofsstuhl für längere Zeit unbesetzt geblieben war. Obwohl die Stadt zu den gräflichen Besitztümern der Mathilde von Canossa gehörte, war sie bis 1094 fest in der Hand des mächtigen Bischofs Eriberto geblieben, der 1081 von Papst Gregor VII. als Sympathisant des Kaisertums und wegen der dem

1, 2. *Relatio de innovatione ecclesie sancti Geminiani* (débuts du XIIe s.), Modène, Archives Capitulaires:
1) *Operari* et *artifices* bâtissant la Cathédrale sous les ordres de Lanfranco, qui tient en main la *virga*: en haut on creuse les fondations, en bas on élève les murs.
2) *Translation des reliques* et *Serment sur la tombe de san Geminiano.*

1, 2. Relatio de innovatione ecclesie sancti Geminiani *(Anfang des 12. Jhd.), Modena, Kapitulararchiv:*
1) Operari *und* Artifices *errichteten den Dom nach den Vorgaben von Lanfranco, welcher die* Virga *in der Hand hält: Oben wird das Fundament gegraben, unten werden die Mauern hochgezogen.*
2) Verlegung der Reliquien *und* Eid vor dem Grabmal des heiligen Geminianus.

1

2

thique à la communauté des fidèles. Ainsi, quand le nouveau prélat Dodon, nommé en 1100 contre la volonté du clergé local, réussit à se faire accepter par la communauté et à vaincre la méfiance du parti impérial, le chantier de la nouvelle Cathédrale avait déjà été ouvert en l'absence de l'évêque, devenant de ce fait l'emblème d'une aspiration évidente à l'autogestion destinée à aboutir, quelques années plus tard, dans les institutions du conseil de la Commune Libre.

La direction des travaux fut confiée à l'architecte Lanfranco, probablement originaire de la région qui s'étend autour des lacs lombards d'où, à la fin du VIIe siècle, étaient descendus dans toute l'Italie les habiles bâtisseurs et lapicides connus comme Maestri Campionesi. Défini "ingenio clarus ... doctus et aptus" ("célèbre par son ingéniosité ... érudit et compétent") par une épigraphe murée

Gegenpapst Klemens III. gebotenen Unterstützung verbannt worden war. Nach dem Tod von Bischof Eriberto und seinem Nachfolger Benedikt, der sein Amt erst 1096 antrat und gleich danach verstarb, befand Papst Urban II. sich in großer Schwierigkeit, einen anderen Kandidaten zu finden, der nicht nur ihm selbst recht war, sondern der auch bei den Gläubigen nicht unbeliebt war. Als es dem neuen Prälat Dodone, der 1100 gegen den Willen des örtlichen Klerus ernannt worden war, endlich gelang, die Anerkennung der Bürger zu erhalten und den Argwohn des kaiserlichen Lagers zu überwinden, war die Bauhütte der neuen Kathedrale in Abwesenheit des Bischofs daher schon eröffnet worden. Dieses wurde dann zum Emblem des offenkundigen Strebens nach Selbstverwaltung, das ein paar Jahre später mit der Gründung der freien Stadtrepublik enden sollte.

3. Le côté nord de la Cathédrale pendant l'isolement dans une photo prise par Orlandini (1898-1899). Modène, Association Archives photographiques Giuseppe Panini.

dans la grande abside, Lanfranco fût le responsable de la première phase de projet et de réalisation de la Cathédrale; le sculpteur Wiligelmo, mis à ses côtés, fut l'auteur d'un

3

changement de direction lié au nouveau rôle de guide pris par le parti décoratif et les sculptures en marbre. En procédant en parfaite harmonie, l'un par l'abside, l'autre par la façade, les deux protagonistes du chantier modenais durent travailler avec une grande ardeur car dès le 30 avril 1106, après la consécration de l'autel majeur, eut lieu la translation solennelle du saint dans la nouvelle crypte en présence de pape Pascal II et de Matilde di Canossa, tandis que les restes de la construction primitive étaient abattus pour permettre les travaux réunissant le périmètre et l'intérieur. L'intervention de Lanfranco et Wiligelmo s'étant conclue avant la troisième décennie du XIIe siècle, la succession fût prise par des disciples et des Maestri Campio-

3. Die Südseite des Doms während der Freilegung in einem Foto von Orlandini (1898-1899). Modena, Verein der Bildarchive Giuseppe Panini.

Die Leitung der Arbeiten wurde dem Baumeister Lanfranco unterstellt, der wahrscheinlich aus der Gegend der lombardischen Seen stammt. Von dort kamen nämlich viele fähige Baumeister und Steinmetze, die sich schon seit dem 7. Jahrhundert in ganz Italien verbreiteten, wie die Maestri Campionesi. In einer in der Hauptapsis eingemauerten Inschrift als "ingenio clarus ... doctus et aptus" ("berühmt für sein Talent ... gelehrt und tüchtig") gelobt, war Lanfranco der Baumeister, der für den ersten Planungs- und Bauabschnitt des Doms verantwortlich war, aber zu ihm gesellte sich bald der Steinmetz Wiligelmus hinzu, den wir für den Urheber der Wandlung betrachten dürfen, mit der die Bauplastik von nun an die führende Rolle spielen wird. Die beiden Protagonisten der Dombauhütte, die in perfekter Harmonie arbeiteten, der eine von der Apsis, der andere von der Fassade her beginnend, müssen mit beträchtlichem Eifer gearbeitet haben, denn schon am 30. April 1106, nach der Einweihung des Hochaltars im Beisein von Papst Pasquale II. und Mathilde von Canossa wurden die Reliquien des Heiligen ganz feierlich in die Krypta verlegt, während die Reste des ursprünglichen Kirchenbaus abgerissen wurden, um den Anschluss der Außen- und Innenmauern zu ermöglichen. Nach Abschluss des direkten Eingriffs von Lanfranco und Wiligelmus im dritten Jahrzehnt des 12. Jahrhunderts, folgen diesen einige Schüler derselben und verschiedene Steinmetze aus Campione, welche die Arbeiten fortsetzten, bis die Kirche am 12. Juli 1184 von Papst Lucius III. entgültig eingeweiht werden konnte.

Zahlreich waren in den folgenden Jahrhunderten die Arbeiten und Veränderungen, die das Gebäude auf der Außenseite erlitt. Noch gegen Ende des 19. Jahrhunderts waren an der Nord- und Südseite verschiedene Gebäude fest an die Kirche angebaut (Abb. 3 und 4). Daher wurde es erforderlich, den Dom zu isolieren und rings um ihn herum durch den teilweisen Abbruch der daneben stehenden Häuser freien Raum zu schaffen. Diese Eingriffe führten für das bedeutsame Monument zum Glück nicht zu einer wesentlichen Änderung seines architektonischen Umfeldes.

Die Architektur und die Reliefs

Die Fassade wird durch hohe Pfeiler, die dem Gebäude Aufschwung verleihen, in drei Teile zerlegt, was der Gliederung der Innenkirche in drei Schiffe entspricht. Die einfache und strenge Fassade wird durch eine harmonische Zwerggalerie mit sechs Blendarkaden und die elegante Eingangsvorhalle verziert, über der sich eine Ädikula be-

4. La façade de la Cathédrale avant 1892, avec les édifices encore adossés au nord et au sud.
Modène, Musée Municipal d'art.

4. Die Fassade des Doms vor 1892 mit Häusern, die auf der Nord- und Südseite an den Dom angebaut waren. Modena, Städtisches Kunstmuseum.

nesi qui continuèrent les travaux jusqu'au 12 juillet 1184, date à laquelle l'édifice sera définitivement consacré par le pape Lucius III.

Les transformations et les modifications apportées à l'extérieur de l'édifice ont par la suite été très nombreuses, si bien qu'à la fin du XIXe siècle plusieurs constructions étaient encore adossées aux parties nord et sud (figs. 3 et 4). C'est alors qu'est née l'exigence d'isoler la Cathédrale et d'emphatiser les espaces qui l'entourent par la démolition partielle des édifices adjacents, interventions qui heureusement n'ont en aucune manière altéré le contexte environnemental de cet illustre monument.

4

L'architecture et les sculptures

Divisée en trois parties par de hauts pilastres qui donnent un élan à la perspective, reprenant la division intérieure en trois nefs, la façade simple et sévère est embellie par une galerie harmonieuse à six arcades et par l'élégant tympan d'entrée, surmonté d'une édicule et soutenu par deux lions stylophores d'époque romaine remis à leur place en 1924 (fig. 5). Aux côtés du Portail principal, deux portes, ouvertes au XIIIe siècle par les Maestri Campionesi, donnent accès aux bas-côtés tandis que dans la zone centrale, en haut, trône la grande rosace gothique réalisée elle aussi par les Campionesi. Partout sur la façade resplendit l'art immense de Wiligelmo, grand protagoniste de l'art roman européen dont l'œuvre, caractérisée par un langage sculptural puissant et austère, devait fortement frapper ses contemporains, comme le démontre l'éloge ajoutée plus tard à la plaque sur la façade.

Le plasticisme intense de l'art de Wiligelmo se manifeste dès les jambages du portail, où la lutte entre l'homme et le pêché est dissimulée par divers êtres humains insérés dans des volutes végétales habitées d'êtres monstrueux; dans l'archivolte et l'architrave les scènes gaies de vendanges, allusives du voyage vers la "vigne du Seigneur", soulignent le sens de la Porte de l'Eglise, ligne symbolique entre la communauté des fidèles recueillis à l'intérieur et les pièges du monde extérieur. On ressent le même ton dans les quatre grandes plaques avec *Histoires*

findet und die durch zwei aus der Römerzeit stammende säulentragende Löwen gestützt wird, die erst im Jahre 1924 wieder dort aufgestellt wurden (Abb. 5). Zu den Seiten des Hauptportals geben zwei, im 13. Jahrhundert von den Maestri Campionesi geöffnete Pforten Zugang zu den Seitenschiffen, während oben im Mittelfeld das große gotische Radfenster thront, das ebenfalls von den Maestri Campionesi stammt. Überall auf der Fassade glänzt die vortreffliche Kunst des Wiligelmus, großer Protagonist der europäischen Romanik, dessen Werk, das sich durch eine mächtige und strenge Bildhauersprache auszeichnet, seine Zeitgenossen stark beeindruckt haben muss, wie auch die Lobschrift belegt, die nachträglich auf dem Gedenkstein an der Fassade eingetragen wurde.

Die intensive Körperlichkeit der Kunst des Wiligelmus äußerst sich schon in den Portalpfosten, wo der Kampf zwischen dem Mensch und der Sünde in Form verschiedener menschlicher Körper angedeutet ist, die in das pflanzliche, von Ungeheuern bewohnte Gewirr eingefügt sind, während in der Archivolte und im Architrav heitere Szenen aus der Zeit der Weinlese, die auf die Reise zum "Weinberg Gottes" hindeuten, die Bedeutung der Kirchenpforte unterstreichen. Sie ist nämlich eine symbolische Scheidewand, welche die Gemeinschaft der innen versammelten Gläubiger von den Gefahren der Außenwelt trennt. Das gleiche Thema kehrt auf den vier großen Marmortafeln mit der Darstellung von Szenen aus der Genesis *wieder, die ursprünglich alle auf Augenhöhe nebeneinander an der Fassade angebracht waren und später getrennt wurden, um Platz für die Seitenpforten zu machen. In den Stein der antiken Kathedrale gehauen, sind es die bekanntesten und am meisten bewunderten Werke des Steinmetzes. Wohl wegen des ergreifenden Erzählungsvermögens und der außerordentlichen Ausdruckskraft, in synthetische und kräftige Formen übertragen, die Tafel nach Tafel die verschiedenen Episoden der Bibel entstehen lassen und ohne irgendeine Unterbrechung nebeneinander unter einer eleganten Rundbogengalerie angeordnet sind.*

Die Hand des Wiligelmus erkennt man auch in anderen

5. Le Portail principal avec les placards mortuaires collés et les lions du tympan du XIXe siècle, oeuvre du sculpteur modénais Luigi Righi, remplacés par la suite par les protomés léonins d'époque romaine (photo de 1882).
Rome, Cabinet Photographique National.

5. Das Hauptportal mit aufgeklebten Sterbeanzeigen und den die Vorhalle tragenden Löwen aus dem 19. Jahrhundert, Werk des Künstlers Luigi Righi aus Modena, die später durch die Originallöwenstatuen aus der Römerzeit ersetzt wurden (Bild von 1882).
Rom, Nationales fotografisches Kabinett.

de la Genèse alignées à l'origine à hauteur d'homme et par la suite divisées pour laisser la place aux portes latérales. Les œuvres plus connues et admirées du sculpteur par leur touchante capacité narrative et l'extraordinaire force expressive, sont sculptées dans les pierres de l'ancienne cathédrale, reproduites dans des formes synthétiques et puissantes qui, une plaque après l'autre, donnent vie à différents épisodes bibliques rapprochés sans solution de continuité sous une élégante galerie en plein cintre.

La main de Wiligelmo est reconnaissable dans d'autres sculptures de la façade, comme la plaque avec *Sanson déchirant la gueule du lion*, les prophètes *Enoch* et *Elie* aux côtés de la plaque et les *Petits Génies porte-flambeaux*, mais on doit le reste de la décoration sculpturale aux élèves de son atelier ou à d'autres Maestri Campionesi, les uns et les autres toutefois, capables de bien comprendre et de traduire avec une distinction plastique particulière la vision figurative du chef d'école. On doit aussi les admirables chapiteaux décorés à l'école de Wiligelmo et les piedouches fantaisies qui ornent les demi-colonnes, les colonnes de la galerie et les arcatures du dessous, non seulement sur la façade mais tout le long du pourtour de l'édifice, dans une profusion de motifs végétaux et de créatures fantastiques qui font de chaque chapiteau et de chaque support un "unicum" sculptural d'une richesse inventive prodigieuse. Les antéfixes (ou métopes) sont tout aussi intéressantes avec les créatures monstrueuses et fantastiques qui rythment les saillies du toit; œuvre d'un maître très proche de Wiligelmo, surnommé Maître des Métopes, on peut aujourd'hui les admirer au Musée Lapidaire de la Cathédrale et elles sont remplacées sur place par des copies modernes de Benedetto Boccolari.

Aux débuts du XIIe siècle deux artistes, le Maître de San Geminiano, plus proche des manières de Wiligelmo, et le Maître de l'*Agnus Dei*, travaillèrent à la porte du flanc sud, malheureusement endommagée par un bombardement en mai 1944. Elle est appelée Porta dei Principi, connue à l'origine comme la Porte du Baptême parce

5

Reliefs der Fassade, wie in der Steintafel mit dem Löwenzerreißenden Samson, *den Propheten* Enoch *und* Elias *an den Seiten des Gedenksteins und den beiden* Fackeltragenden Kinderengeln, *aber den Rest der Bauplastik verdanken wir den Schülern seiner Bauhütte oder späteren Maestri Campionesi, die jedoch beide in der Lage waren, die besondere figurative Vorstellung ihres Lehrers gut zu verstehen und mit unveränderter plastischer Fertigkeit in die Realität zu übertragen. Der Schule des Wiligelmus verdanken wir auch die bewundernswerten Bilderkapitelle und die phantasievollen Konsolen, welche die Halbsäulen, die Säulen der Zwerggalerie und die Hängebögen darunter verzieren, nicht nur auf der Fassade, sondern rings um das ganze Gebäude, in einem Schwall von pflanzlichen Motiven und Fabelwesen, die jedes Kapitell und jede Konsole zu einem bildhauerischen "Unikum" voller Verblüffung hervorrufender Erfindungsgabe machen. Nicht weniger kurios sind die Stirnziegel (oder Metopen) mit der Phantasie entsprungenen Ungeheuern, welche die Dachvorsprünge unterstreichen, das Werk eines Meisters, der dem Wiligelmus sehr nahe stand und den man Maestro delle Metope nennt. Die Originalverzierungen kann man heute im Museum der Steinhauerkunst des Doms bewundern, während sie heute am Dom durch moderne Kopien von Benedetto Boccolari ersetzt worden sind.*

Zu Beginn des 12. Jahrhunderts halfen zwei verschiedene Künstler, der Maestro di San Geminiano, der so ähnlich wie Wiligelmus arbeitete, und der Maestro dell'Agnus Dei, an der Anfertigung der ersten Pforte auf der Südseite des Doms, die leider im Mai 1944 durch eine Bombardierung beschädigt wurde. Das ist die sogenannte Porta dei Principi (Fürstenpforte), die ursprünglich als Taufpforte bekannt war, weil man von dort direkt zum Taufbecken gelangte. Auch an den Pfosten und im Architrav dieser Pforte finden wir eine üppige Rebenranke mit Menschen und Tieren, aber das Element, das die größte Aufmerksamkeit verdient, ist gewiss die Vorderseite des Architravs, wo ein geschickter Schüler von Wiligelmus auf sechs köstlichen Täfelchen Episoden aus dem Leben des heiligen Geminianus erzählt.

6. L'intérieur de la Cathédrale avec les tombes du haut Moyen Âge découvertes dans la nef sud devant la Chapelle Bellincini (photo Orlandini de 1913). Modène, Association Giuseppe Panini Archives modenaises.

6. Der Innenraum des Doms mit den frühmittelalterlichen Gräbern, die im südlichen Seitenschiff vor der Bellincini-Kapelle entdeckt worden sind (Bild Orlandini von 1913). Modena, Verein Giuseppe Panini Archive von Modena.

qu'en passant par là on arrivait directement aux fonts baptismaux. Même dans les montants et dans l'archivolte de cette porte on retrouve le motif luxuriant d'un sarment habité d'hommes et d'animaux, mais l'élément qui mérite le plus d'attention est sans aucun doute la face avant de l'architrave, où dans six délicieux tableaux un disciple de Wiligelmo relate des épisodes de la vie de san Geminiano.

La Porta Regia ou Porte Royale monumentale, non prévue dans le projet initial de Lanfranco, érigée par Anselmo da Campione et des assistants entre la fin du XIIe siècle et les premières décennies du XIIIe, s'insère admirablement dans les moulures architecturales préexistantes, faisant presque fonction de deuxième façade sur la Grand Place. Les dernières arcades du flanc sud, incorporées dans un faux transept érigé pour rendre plus majestueux l'extérieur de l'édifice, renferment deux importants ouvrages renaissance: la chaire de la place, réalisée par Giacomo da Ferrara et par son fils Paolo aux débuts du XVIe siècle, et le bas-relief du florentin Agostino di Duccio avec *Histoires de la vie de San Geminiano*, de 1442.

La vision des absides est particulièrement suggestive. Lanfranco y expérimenta le module de la *loggia* ou galerie continue à arcs trilobés, étendu ensuite à tout le périmètre et à la façade de l'édifice. Sur le flanc nord, auquel étaient adossés différents corps de bâtiment au XIXe siècle, par la suite démolis pour ouvrir l'actuelle rue Lanfranco, on franchit deux arcs gothiques et on parvient immédiatement à admirer la très belle Porta della Pescheria. Précédée d'un double tympan avec colonnes reposant sur des lions stylophores, elle propose un splendide portail historié par les élèves de Wiligelmo avec une grande variété de

6

Die anschließende monumentale Porta Regia, die im ursprünglichen Projekt des Lanfranco nicht vorgesehen war, ist ein Werks von Anselmo da Campione und seinen Gehilfen und wurde zwischen dem Ende des 12. Jahrhunderts und den ersten Jahrzehnten des 13. Jahrhunderts errichtet. Sie fügt sich wunderbar in die schon vorhandenen Bauglieder ein und spielt fast die Rolle einer zweiten Fassade, die auf die Piazza Grande schaut. Die letzten Blendarkaden der Südseite, die in ein falsches Querhaus einbezogen sind, das errichtet wurde, um der Außenseite des Gebäudes mehr Großartigkeit zu verleihen, enthalten zwei bedeutsame Werke aus der Renaissance: die Außenkanzel, die zu Beginn des 16. Jahrhunderts von Giacomo da Ferrara und seinem Sohn Paolo geschaffen wurde, und das Flachrelief des Florentiners Agostino di Duccio mit Szenen aus dem Leben des heiligen Geminianus *aus dem Jahre 1442.*

Besonders eindrucksvoll ist auch die Ansicht der Apsidialseite, wo Lanfranco das Modul der durchgehenden Zwerggalerie mit Trifolium-Arkaden erprobte, das dann auf dem gesamten Umfang der Kirche und ihre Fassade ausgedehnt wurde. Auf der Nordseite, wo im 19. Jahrhundert verschiedene Gebäudeteile angesetzt worden waren, die dann abgerissen wurden, um die heutige Via Lanfranco zu öffnen, geht man unter zwei gotischen Bögen her und hat damit Gelegenheit, die wunderschöne Porta della Pescheria (Fischerpforte) zu bewundern. Vor ihr befindet sich eine doppelte Vorhalle mit Säulen, die von Löwen getragen werden. Sie hat ein herrliches Portal, das Schüler von Wiligelmus mit einer großen Vielfalt von dekorativen, der Phantasie entsprungenen und aus der Legende stammenden Motiven verziert haben, unter denen die Erzählung des bretonischen Ritterzyklus im Vordergrund steht.

Der Innenraum

Dem monumentalen Aussehen der Kirche von außen entspricht bei dem Projekt des Innenraums, das von Lanfranco stammt, eine Atmosphäre der schlichten und feierlichen Sammlung, die durch die fast einheitliche Benutzung des Backsteins und die Effekte des durch die Seitenfenster und das große Radfenster einfallenden Lichtes noch wärmer und eindrucksvoller wird. Der Grundriss der Basilika gliedert sich in drei Schiffe mit mächtigen kreuzförmigen Pfeilern aus Backstein, welche die fünf Joche des Hauptschiffes gliedern, und Marmorsäulen, die den Raum zwischen den Pfeilern in zwei Bogenfelder teilen. Harmonisch und feierlich in der strengen Gliederung seiner Volu-

7. Le jubé avant les restaurations. *Album fotografico dei Restauri interni*, 1886 ca. Modène, Archives Capitulaires.

7. Der Lettner vor den Restaurierungsarbeiten. Aus dem Album fotografico dei Restauri interni, *1886 ca. Modena, Kapitulararchiv.*

motifs légendaires, fantastiques et décoratifs parmi lesquels se distingue le récit du cycle chevaleresque breton.

L'intérieur

L'aspect monumental de l'extérieur trouve une contrepartie, dans le projet de l'intérieur élaboré par Lanfranco, dans l'atmosphère de recueillement sobre et austère, rendue plus chaude par l'utilisation pratiquement uniforme de la brique et par les effets de lumière qui filtrent par les fenêtres et par la grande rosace. La structure basilicale est divisée en trois nefs, avec d'imposants pilastres cruciformes en brique qui rythment les cinq travées du vaisseau central et des colonnes en marbre qui séparent en deux arcades les espaces entre les pilastres. Harmonieux et solennel dans l'alternance serrée de ses volumes, l'intérieur se termine par une large surélévation accessible par deux escaliers latéraux fermée au fond par trois absides.

Parmi les trésors d'art visibles le long des nefs latérales, on signale divers monuments sépulcraux de membres du clergé et de notables, une précieuse statue en bois du XIVe siècle de *San Geminiano* et le très beau retable du XVe siècle en terre cuite de Michele da Firenze plus connue comme "Altare delle statuine" ou de Sainte Catherine; la peinture est splendidement représentée par le *Réable de saint Sébastien* oeuvre de Dosso Dossi et les fresques intéressantes du XVe siècle de la Chapelle Bellincini, attribuées à Cristoforo Canozi da Lendinara. L'oeuvre la plus intéressante demeure toutefois la *Crèche* en terre cuite du modeleur modenais Antonio Begarelli, un ensemble d'une qualité exceptionnelle; les pâtres et les animaux, modelés avec une finesse rare, se recueillent autour de la Sainte Famille en créant une composition savamment mise en scène.

Le présbyterium surélevé est composé d'une enceinte haute à double rangée de colonnes, surmontée d'un entablement de la fin du XIIe siècle finement décoré par les Maestri Campionesi. Le maître-autel est pratiquement de la même époque, tandis que le précieux polyptique cuspidé du modénais Serafino dei Serafini est daté de 1385. Dans l'abside, l'attention est attirée par la curieuse *Edicule du San Geminiano* et le choeur en bois du XVe siècle des frères Cristoforo et Lorenzo Canozi da Lendinara, entièrement recouvert de splendides marqueteries avec des motifs architecturaux et de nature morte. D'autres œuvres de marqueteries de grande valeur se trouvent dans l'absidiole nord, où l'on admire

men, endet der Innenraum mit einem großen Überbau, der über zwei seitliche Treppen zugänglich ist und am Ende durch die drei Apsiden abgeschlossen wird.

Unter den zahlreichen Kunstschätzen, die man längs der Seitenschiffe bewundern kann, sind verschiedene Grabmäler von kirchlichen und weltlichen Würdenträgern zu nennen, eine wertvolle Holzstatue aus dem vierzehnten Jahrhundert, die den heiligen Geminianus darstellt, und der wunderbare Terrakotta-Altaraufsatz aus dem 15. Jahrhundert von Michele da Firenze, bekannt als der "Altar der Statuen" oder Altar der heiligen Katharina, während unter den Gemälden ein herrliches Altarbild des heiligen Sebastians *von Dosso Dossi und die interessanten Fresken aus dem 15. Jahrhundert der Bellincini-Kapelle zu erwähnen sind, die Cristoforo Canozi aus Lendinara zugeschrieben werden. Das interessanteste Werk bleibt jedoch die* Krippe *aus Terrakotta des Künstlers Antonio Begarelli aus Modena, ein Werk mit hervorragender Qualität, in dem mit seltenem Feingefühl modellierte Hirten und Tiere von der wissenden Hand des Künstlers rings um die heilige Familie angeordnet sind.*

Das Presbyterium weist eine hohe, doppelreihige Säulenabgrenzung auf, über der sich ein Gebälk vom Ende des 12. Jahrhunderts befindet, das von den Maestri Campionesi fein dekoriert wurde. Fast aus der gleichen Zeit stammt der Hochaltar, während das wertvolle Polyptychon mit Giebeln von Serafino dei Serafini aus Modena auf das Jahr 1385 zu datieren ist. Bemerkenswert sind in der Apsis die kuriose Ädikola des heiligen Geminianus *und der Holzchor aus dem 15. Jahrhundert von den Brüdern Cristoforo und Lorenzo Canozi aus Lendinara, der in prächtigen Ein-*

7

aussi l'ensemble sculptural d'Agostino di Duccio représentant *San Geminiano qui sauve un enfant.*

Dans le vaisseau central, après avoir admiré la splendide chaire du XIVe siècle d'Enrico da Campione, on fera particulièrement attention à l'ambon et au jubé en marbre donnant sur le choeur, superbes témoignages sculpturaux réalisés entre le XIIe et le XIIIe siècles par les Maestri Campionesi et universellement reconnus comme les plus grands chef-d'oeuvres de l'art roman. L'emplacement actuel de ces oeuvres est plutôt récent, car jusqu'aux premières années du XXe siècle la zone presbytérale, modifiée et étendue à la fin du XVIe siècle, était fermée par une balustrade en fer (fig. 7) et les différentes plaques étaient murées à des endroits différents de la Cathédrale. Une fois leur provenance commune vérifiée, d'importants travaux de fouilles furent entrepris dans l'espace de la crypte et le parapet fut recomposé suivant l'agencement actuel. Caractérisés par un contraste plastique vigoureux et une grande intensité dramatique, les reliefs polychromes du jubé, probablement antérieurs à la consécration de 1184, alignent cinq épisodes de la Passion de Christ, tandis que les six plaques de l'ambon, ajoutées quelques années plus tard, montrent des copies des *Docteurs de l'Eglise* et de *Symboles des Evangélistes, Christ en majesté* et *Christ qui réveille saint Pierre.*

Sous le jubé, d'élégantes colonnettes soutenues par des télamons et des lions stylophores, surmontés de très beaux chapiteaux, créent un cadre suggestif à l'entrée de la crypte, où une vaste pièce à trois nefs accueille un ancien sarcophage avec les dépouilles de san Geminiano et l'ensemble avec la *Sainte Famille* modelé en terre cuite polychrome, à la fin du XVe siècle, par le modeleur modénais Guido Mazzoni et connu aussi comme *Madonna della pappa* ou "Madone de la bouillie".

legearbeiten vollkommen mit architektonischen Motiven und Stilleben verziert ist. Weitere Einlegearbeiten hervorragender Qualität befinden sich in der nördlichen Nebenapsis, wo man auch die Statuengruppe von Agostino di Duccio mit dem Heiligen Geminianus, der einen Knaben rettet, bewundern kann.

Im Hauptschiff richtet sich die Aufmerksamkeit, nachdem man die herrliche Kanzel aus dem 14. Jahrhundert, ein Werk von Enrico da Campione bewundert hat, vor allem auf den Ambo und den Lettner aus Marmor, die in das Presbyterium ragen, erhabene bildhauerische Werke, die zwischen dem 12. und 13. Jahrhundert von den Maestri Campionesi angefertigt wurden und weltweit als zu den schönsten, der romanischen Kunst angehörende Kunstwerke anerkannt werden. Die augenblickliche Aufstellung ist relativ neu, denn bis zu den ersten Jahren des 20. Jahrhunderts wurde der Bereich des Presbyteriums, der am Ende des 16. Jahrhundert geändert und erweitert worden war, durch eine Eisenbrüstung geschlossen (Abb. 7) und die verschiedenen Steintafeln waren an unterschiedlichen Stellen im Dom eingemauert worden. Nachdem ihre gemeinsame Herkunft festgestellt worden war, nahm man im Bereich der Krypta bedeutsame Ausgrabungsarbeiten vor und die Brüstung wurde wieder aufgebaut, womit die Gruppe ihr heutiges Aussehen wiedererhielt. Die polychromen Reliefs des Lettners, die sich durch ihr stark plastisches und intensiv dramatisches Aussehen kennzeichnen, gehen wahrscheinlich auf eine Zeit vor der Einweihung im Jahre 1184 zurück. Sie stellen fünf Episoden aus der Passion Christi dar, während die sechs Steintafeln des Ambos, die ein paar Jahre später dazu kamen, paarweise die Doktoren der Kirche *und die* Evangelistensymbole, Christus in der Herrlichkeit *und* Christus, der den heiligen Petrus erweckt *darstellen.*

Unter dem Lettner schaffen elegante Säulen, die von Atlanten und Löwen getragen werden und wunderbare Kapitelle aufweisen, einen eindrucksvollen Rahmen zum Eingang der Krypta, wo der antike Sarkophag mit den sterblichen Hüllen des heiligen Geminianus in einem großen dreischiffigen Raum aufgebahrt steht. Hier befindet sich ebenfalls die kolorierte Gruppe mit der Heiligen Familie, *die am Ende des 15. Jahrhunderts von dem Künstler Guido Mazzoni aus Modena aus Terrakotta modelliert wurde und auch als* Madonna della pappa *(Brei-Madonna) bekannt ist.*

La Cathédrale de Modène

Der Dom von Modena

Illustrations

Abbildungen

1

1 Vue aérienne du centre ville de Modène, côté sud.

2 Vue aérienne de la Cathédrale, de la Ghirlandina et de Piazza Grande, côté ouest.

1 Luftbild des historischen Stadtkerns von Modena von Süden.

2 Luftbild des Doms, von der Ghirlandina und der Piazza Grande von Westen.

La façade

C'est très probablement Wiligelmo que l'on peut désigner comme "metteur en scène" de la façade. Il enrichit de nouvelles sculptures magnifiques le projet architectural de Lanfranco: les quatre plaques avec les *Episodes de la Genèse*, le portail principal, les reliefs avec les petits Génies porte-flambeaux, l'inscription avec la date de fondation de la Cathédrale et la signature du sculpteur, les chapiteaux des arcades et des demi-colonnes. La grande rosace fut ajoutée au XIIIe siècle par Anselmo da Campione

Die Fassade

Mit hoher Wahrscheinlichkeit ist Wiligelmus der Bauherr der Fassade. Er war es nämlich, der das architektonische Projekt von Lanfranco durch eine neuartige Bauplastik bereicherte: die vier Marmortafeln mit den Szenen aus der Genesis, *das Hauptportal, die Reliefs mit den fackeltragenden Kinderengeln, die Inschrift mit dem Gründungsdatum der Kathedrale und der Unterschrift des Steinmetzes, die Kapitelle der Zwerggalerien und der Halbsäulen. Das große Radfenster wurde im 13. Jahrhundert durch Anselmo da Campione hinzugefügt.*

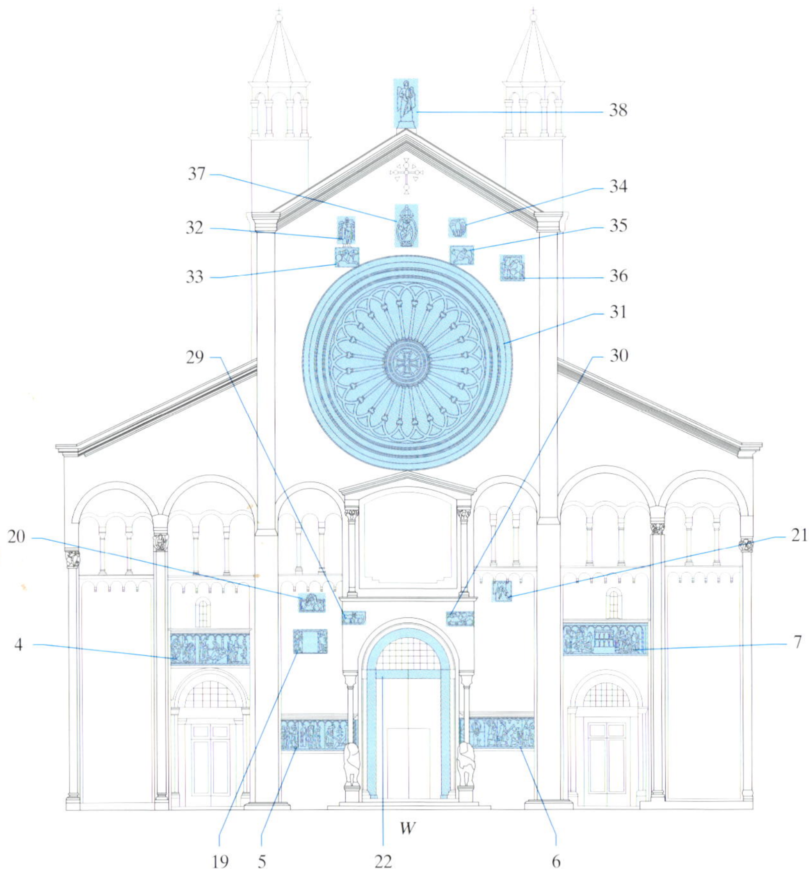

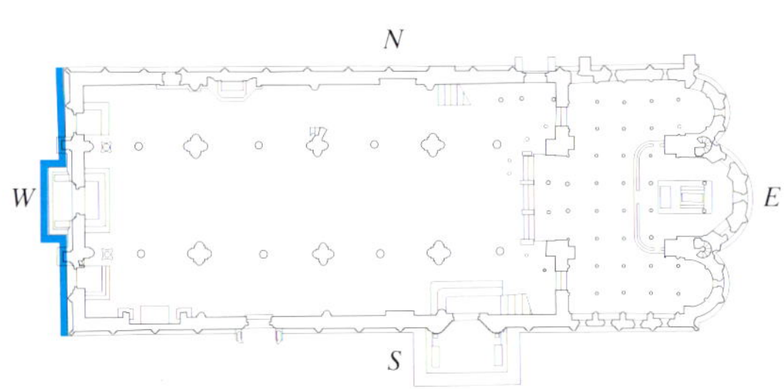

3 La façade.

3 *Die Fassade.*

Façade / *Fassade.*

Wiligelmo. Plaques avec des épisodes de la Genèse.

Wiligelmus. Steintafeln mit Szenen aus der Genesis.

Première plaque / *Erste Tafel.*

4 *Christ dans une mandorle et la création d'Adam.*

Gottvater in einer Mandorla und die Erschaffung Adams.

La création d'Eve.

Die Erschaffung Evas.

Le Pêché Originel.

Der Sündenfall.

4

Deuxième plaque / *Zweite Tafel.*

5 *L'Eternel reproche Adam et Eve.*

Gott bestraft Adam und Eva.

Adam et Eve chassés du Paradis.

Die Vertreibung aus dem Paradies.

Adam et Eve labourent la terre.

Adam und Eva bei der Arbeit.

5

Troisième plaque / *Dritte Tafel.*

6 *Le sacrifice de Caïn et Abel.*

Das Opfer von Kain und Abel.

Abel tué par Caïn.

Kain ermordet Abel.

Dieu reproche Caïn.

Gott bestraft Kain.

6

Quatrième plaque / *Vierte Tafel.*

7 *Lamech tue Caïn.*

Lamech tötet Kain.

L'arche de Noé.

Die Arche Noah.

Noé et ses fils sortant de l'arche.

Noah und seine Kinder verlassen die Arche.

7

8

Façade.
Wiligelmo.
Première plaque avec des épisodes de la Genèse.
8 *La création d'Eve.*

Fassade.
Wiligelmus.
Erste Tafel mit Szenen aus der Genesis.
8 Die Erschaffung Evas.

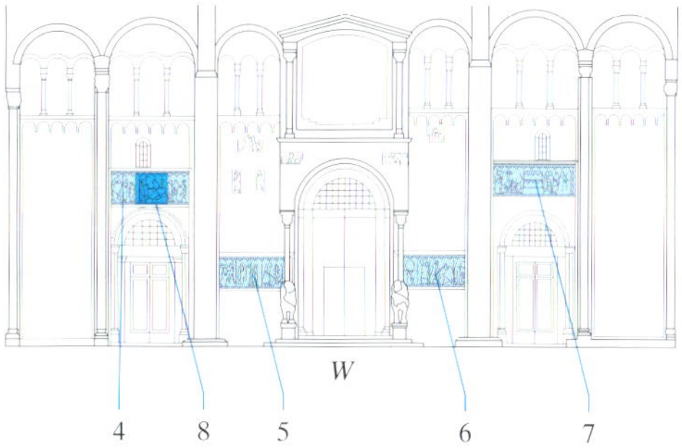

9

10

11

Façade.
Wiligelmo.
Deuxième plaque avec des épisodes de la Genèse.

9, **10** Détails.

Troisième plaque avec des épisodes de la Genèse.

11, **12** Détails.

Fassade.
Wiligelmus.
Zweite Tafel mit Szenen aus der Genesis.

9, ***10*** *Details.*

Dritte Tafel mit Szenen aus der Genesis.

11, ***12*** *Details.*

12

13

Façade.
Wiligelmo.
Quatrième plaque
avec des épisodes
de la Genèse.

13 *Lamech tue Caïn.*

Fassade.
Wiligelmus.
Vierte Tafel
mit Szenen
aus der Genesis.

13 Lamech tötet Kain.

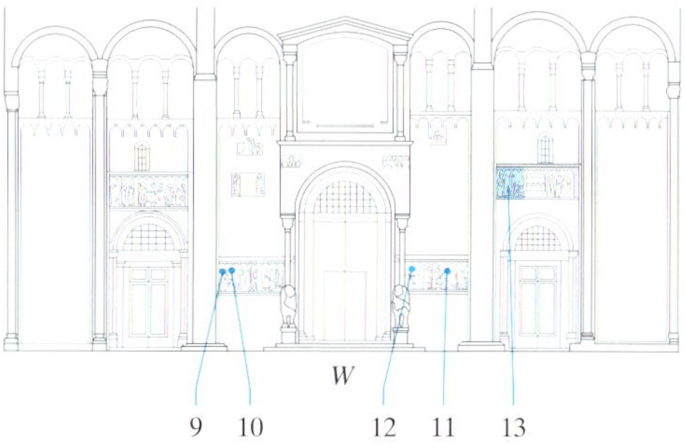

14

15

16

17

Façade.
14-18 Chapiteaux.

Fassade.
14-18 Kapitelle.

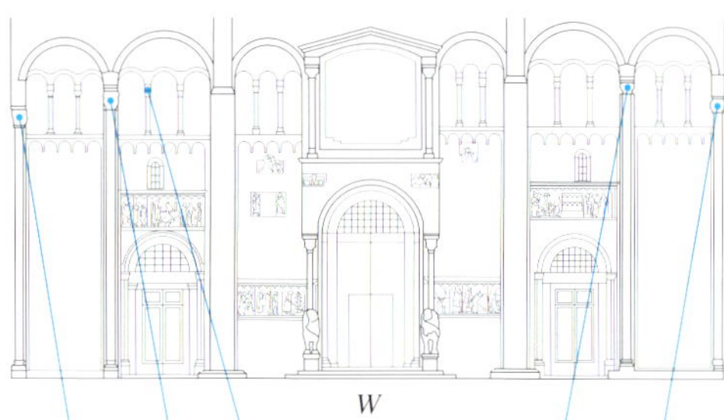

19

Façade.
Wiligelmo.

19 *Enoch* et *Elie* tiennent la tablette portant l'inscription qui évoque la fondation de la Cathédrale.
20 *Petit génie porte-flambeau* et *Pélican*.
21 *Petit génie porte-flambeaux*.

Fassade.
Wiligelmus.

19 Enoch *und* Elias *tragen die Tafel mit der Inschrift, die an die Gründung des Doms erinnert*.
20 Fackeltragender Kinderengel *und* Pelikan.
21 Fackeltragender Kinderengel.

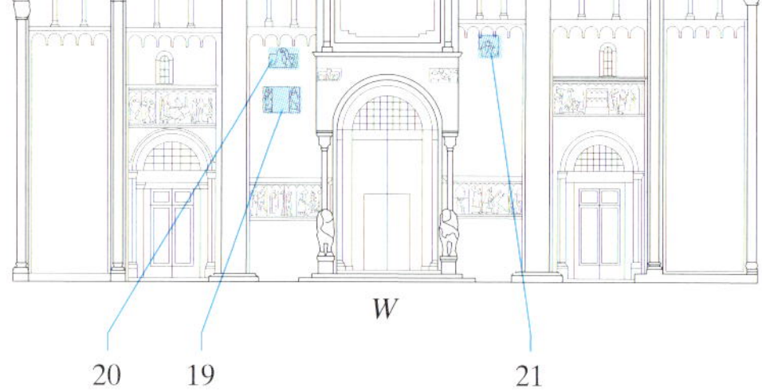

20

21

Le Portail principal

Le Portail central, attribuable avec certitude à Wiligelmo, est l'un des moments les plus significatifs du programme iconographique de la façade. Sur les montants extérieurs, soutenus par des télamons, se déroule le motif du sarment habité, culminant par l'image du signe zodiacal des Gémeaux sur l'archivolte. A l'intérieur des montants on retrouve les images de douze *Prophètes*. Les choix ornementaux des autres sculptures renvoient au répertoire classique.

Das Hauptportal

Das Hauptportal, das mit Sicherheit Wiligelmus zugeschrieben werden kann, ist eines der bedeutsamsten Elemente des ikonographischen Programms der Fassade. Auf den Außenpfosten, die von Atlanten getragen werden, dominiert das Motiv der belebten Rebranke, die in der Archivolte mit dem Bild des Sternzeichens Zwilling endet. Innerhalb der Portalpfosten erkennt man die Darstellungen der zwölf Propheten. *Die ornamentalen Elemente der anderen Skulpturen verweisen auf das klassische Repertoire.*

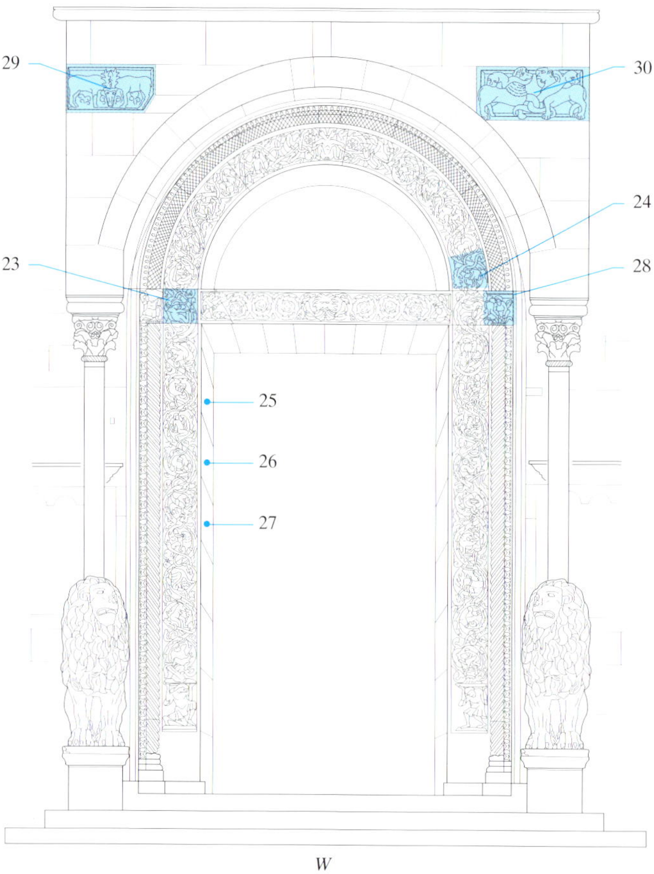

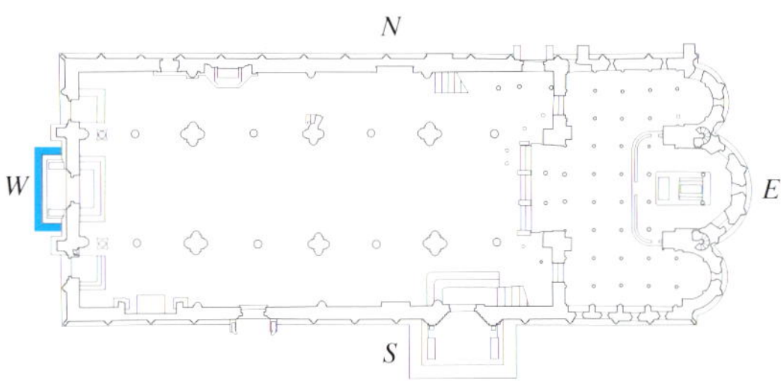

Façade.
22 Le Portail principal.

Fassade.
22 *Das Hauptportal.*

22

23

24

25

26

27

28

Façade.
Wiligelmo.
Portail principal.

23, 24 Détails du sarment habité.
25 *Le prophète Abacuc.*
26 *Le prophète Ezéchiel.*
27 *Le prophète Isaïe.*
28 Chapiteau de droite.

Fassade.
Wiligelmus.
Hauptportal.

23, 24 *Details aus der belebten Rebranke.*
25 Der Prophet Habakuk.
26 Der Prophet Hesekiel.
27 Der Prophet Jesaja.
28 *Rechtes Kapitell.*

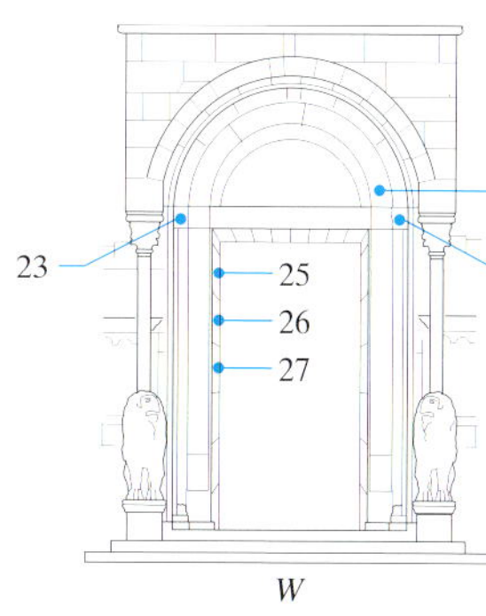

29

30

31

Façade.

29 Relief avec cerfs qui s'abreuvent à la source.
30 Relief avec lions, animaux fantastiques et une figure humaine.
31 La rosace des Maestri Campionesi.

Fassade.

29 Relief mit Hirschen, die an der Quelle trinken.
30 Relief mit Löwen, Fabelwesen und einer menschlichen Figur.
31 Das Radfenster der Maestri Campionesi.

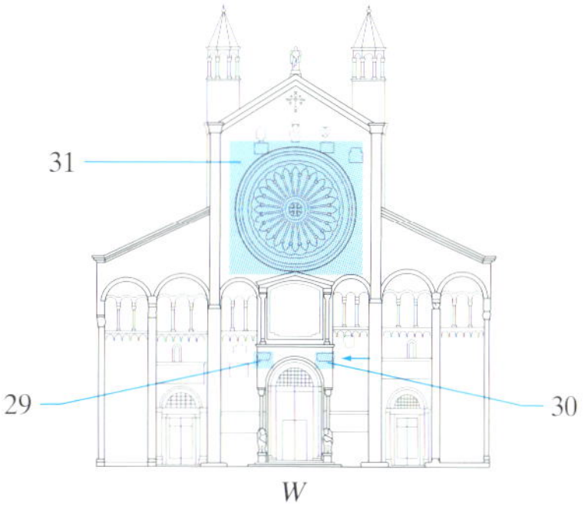

32

33

34

35

Façade.

32-35 Les symboles des Evangélistes.

Fassade.

32-35 Die Evangelistensymbole.

36

Façade.

36 *Sanson déchirant la gueule du lion.*

Fassade.

36 Der löwenzerreißende Samson.

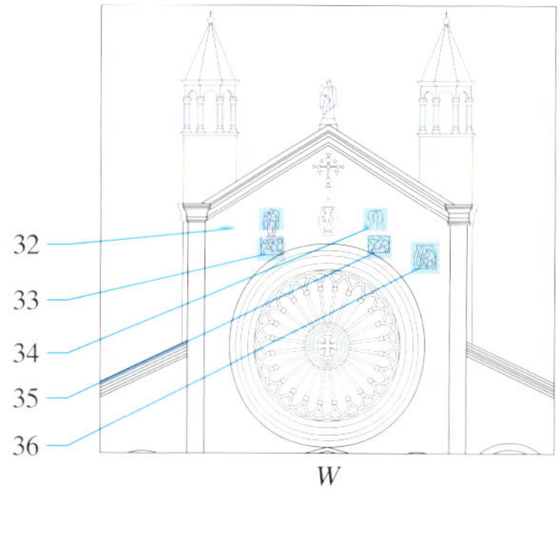

A
ω

38

Façade.

37 *Le Rédempteur*.
38 Ange.

Fassade.

37 Der Erlöser.
38 *Engel*.

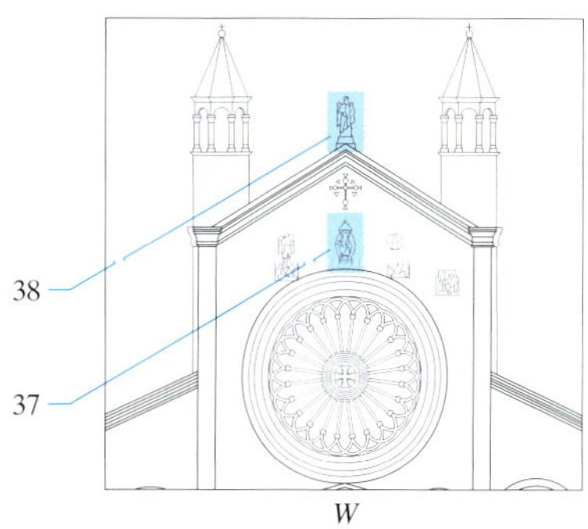

Le flanc sud

Die Südseite

Les principaux ouvrages du flanc sud sont formés par la Porta dei Principi et la Porta Regia. La longue inscription sur la consécration de la Cathédrale de la part du pape Lucius III (1184) et les bas-reliefs d'Agostino di Duccio avec les histoires de san Geminiano (1442) représentent eux aussi des témoignages historiques et artistiques importants.

Die wichtigsten Elemente der Südseite des Doms sind die Porta dei Principi und die Porta Regia. Wichtige kunstgeschichtliche Zeugnisse sind die lange Inschrift zur Einweihung der Kathedrale durch Papst Lucius III. (1184) und die Flachreliefs von Agostino di Duccio mit Szenen aus dem Leben des heiligen Geminianus (1442).

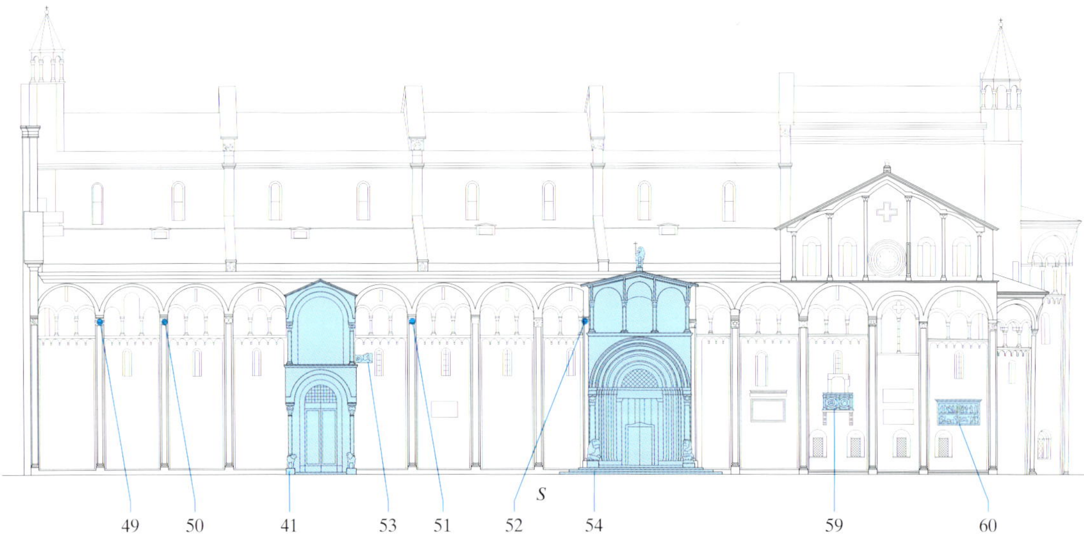

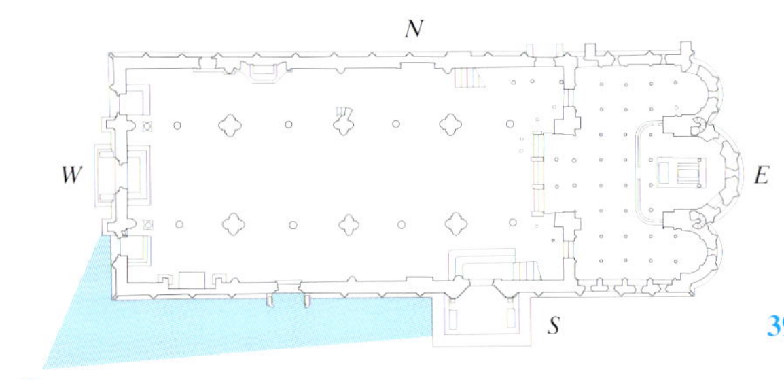

39 La jonction entre la façade et le flanc sud.

39 Die Verbindung zwischen der Fassade und der Südseite.

40 Le flanc sud et la Piazza Grande.

40 Die Südseite und Piazza Grande.

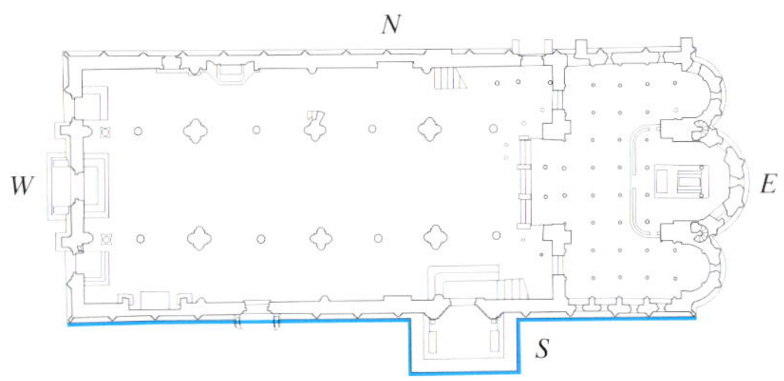

La Porta dei Principi (Porte des Princes)

Aux débuts du XIIe siècle deux artistes, le Maître de San Geminiano, plus proche des manières de Wiligelmo, et le Maître de l'Agnus Dei, réalisèrent la décoration sculpturale de la Porta dei Principi. Les montants extérieurs sont parcourus par le motif du sarment habité tandis que sur les faces intérieures une série de petites édicules hébergent les douze Apôtres, san Geminiano et un diacre. Quelques épisodes de la vie du saint patron sont sculptés dans l'architrave et dans la face inférieure on retrouve l'image de l'*Agneau mystique* soutenue par deux anges avec à ses côtés *Saint Paul* et *Saint Jean-Baptiste*.

Die Porta dei Principi (Die Fürstenpforte)

Zu Beginn des 12. Jahrhunderts führten zwei Künstler, der Maestro di San Geminiano, der enger mit Wiligelmus verbunden war, und der Maestro dell'Agnus Dei die Steindekoration der Porta dei Principi aus. Auf den Außenpfosten wickelt sich das Motiv mit der belebten Rebranke ab, während auf den Innenseiten eine Reihe kleiner Ädikolas die Figuren der zwölf Apostel, des heiligen Geminianus und eines Diakons wiedergeben. Im Architrav sind einige Episoden aus dem Leben des Schutzpatrons der Stadt zu sehen und auf der unteren Seite finden wir ein Abbild des Lamm Gottes, *das von zwei Engeln getragen wird und zu dessen Seiten die Figuren des* Heiligen Paulus *und* Johannes der Täufer *stehen.*

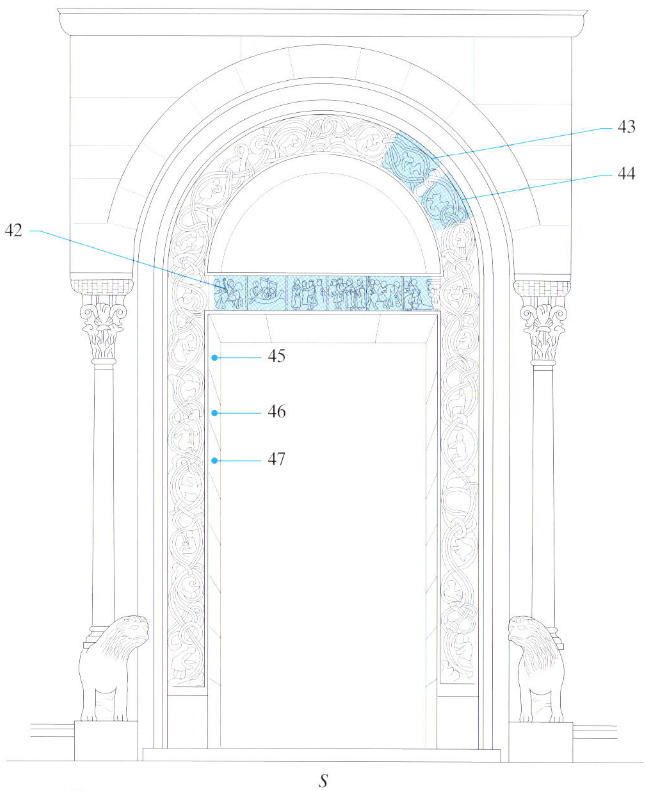

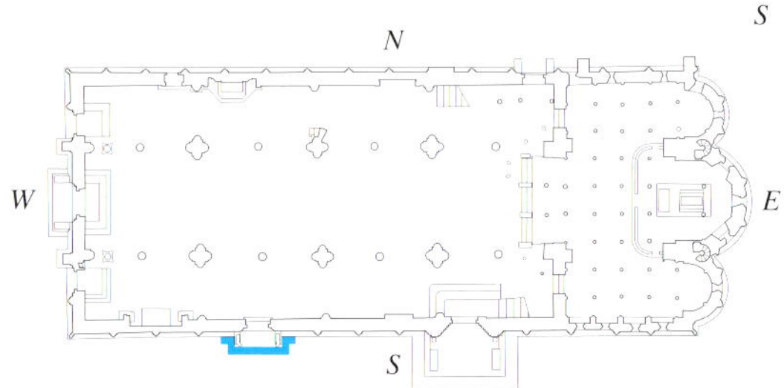

Flanc sud.

41 La Porta dei Principi (Porte des Princes).

Südseite.

41 Die Porta dei Principi (Die Fürstenpforte).

4

42

43

44

Flanc sud.
Porta dei Principi.

42 *Episodes de la vie de san Geminiano.*

43, 44 Détails du sarment habité.

45 *L'apôtre André.*
46 *L'apôtre Jean.*
47 *L'apôtre Barthélémy.*
48 *Saint Jean-Baptiste.*

Südseite.
Die Porta dei Principi.

42 Szenen aus dem Leben des heiligen Geminianus.

43, 44 Details aus der belebten Rebranke.

45 Der Apostel Andreas.
46 Der Apostel Johannes.
47 Der Apostel Bartholomäus.
48 Johannes der Täufer.

CAPITREGISCALICECVCODICELEGIS·DVREDITECTRASIBICVRRITCTIOCVNCTA·POSTREDITV FORTIS·PSOLVIT·DEBITAMORT

45

IN VER
PRIN BVM
CIPIO ETV
ERAT BVM

46

BARTHOLOMEVS

47

IOHANNES·BAPTISTA
ECCE AGN
DEI ECCE
QVI TOL
LIT PEC
CATA
MVNDI

48

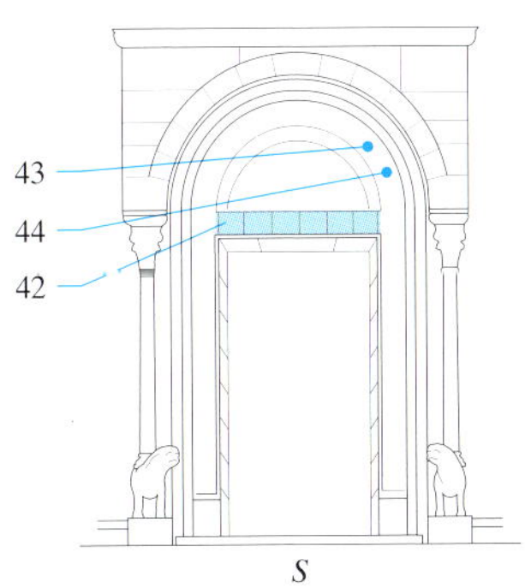
43
44
42
S

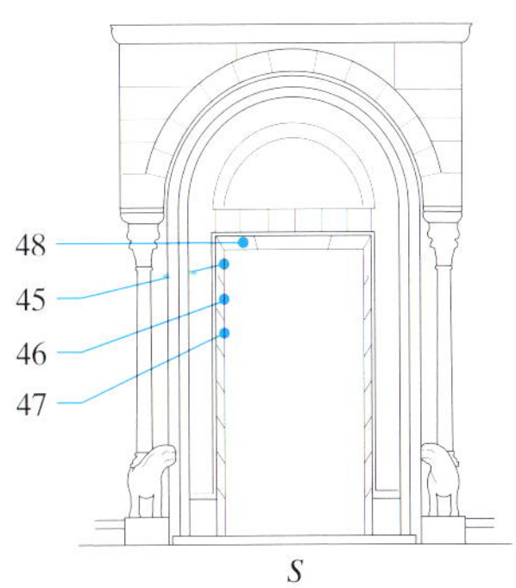
48
45
46
47
S

49

50

51

52

53

Flanc sud.

49-52 Chapiteaux.

53 *La Vérité arrache la langue au Mensonge* et *Jacob lutte avec l'Ange*.

Südseite.

49-52 Kapitelle.

53 Der Aufrichtige reißt der Hinterlist die Zunge heraus *und* Jakob kämpft mit dem Engel.

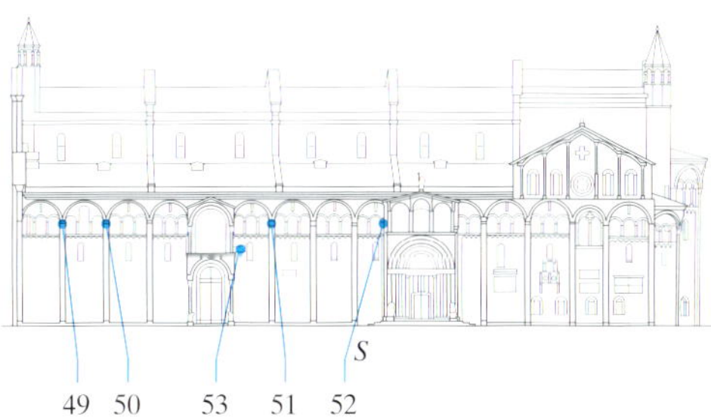

La Porta Regia

L'une des interventions les plus importantes des Maestri Campionesi dans la Cathédrale est constituée, aux débuts du XIIIe siècle, par la Porta Regia. Par rapport aux autres portails de la cathédrale, le poids des décorations sculpturales est inférieur, et la majesté architecturale plus grande: deux grands lions qui serrent une proie entre leurs griffes – motif présent aussi dans le jubé intérieur – précèdent le portail à ébrasement profond et multiple. Par-dessus, le tympan prend les dimensions et la forme d'une galerie monumentale.

Die Porta Regia

Einer der bedeutsamsten Eingriffe der Maestri Campionesi an der Kathedrale betrifft am Anfang des 13. Jahrhunderts die Porta Regia. Im Bezug zu den anderen Portalen des Doms haben hier die Steindekorationen weniger Bedeutung, während dem architektonischen Profil größere Bedeutung zukommt: Zwei große Löwen, die eine Beute zwischen ihren Pranken festhalten – ein Motiv, das auch auf dem Lettner innerhalb des Doms vorhanden ist – gehen dem Portal mit mehrfachem und tiefem Gewände voraus. Die Vorhalle darüber nimmt die Dimensionen einer monumentalen Bogenhalle an.

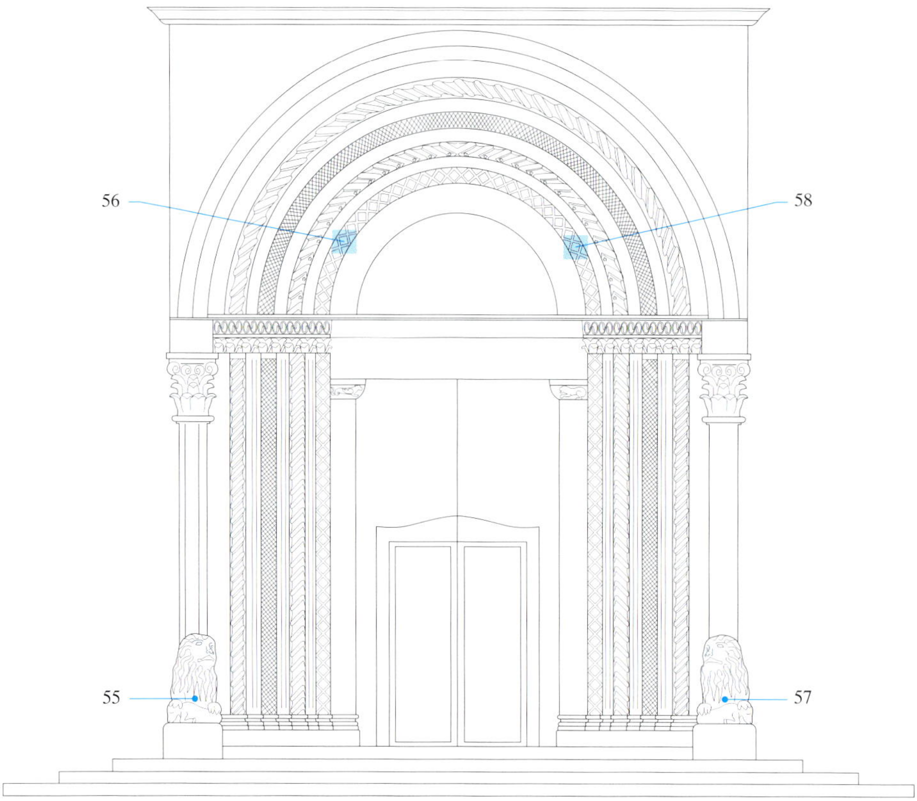

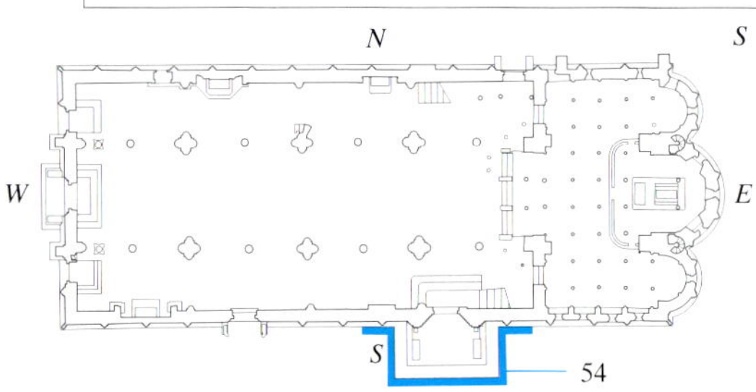

Flanc sud.
54 La Porta Regia.

Südseite.
54 Die Porta Regia.

47

55

56

57

58

Flanc sud.
Porta Regia.

55 Le lion de gauche.
56, 58 Détails de la décoration des ébrasements.
57 Le lion de droite.

Südseite.
Die Porta Regia.

55 Der linke Löwe.
56, 58 Detail der Dekoration der Gewände.
57 Der rechte Löwe.

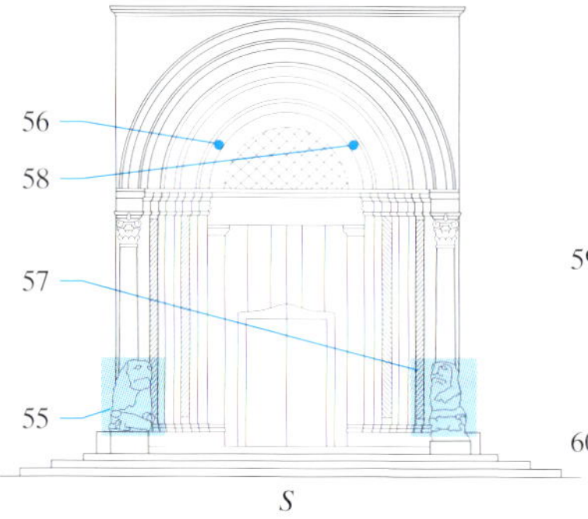

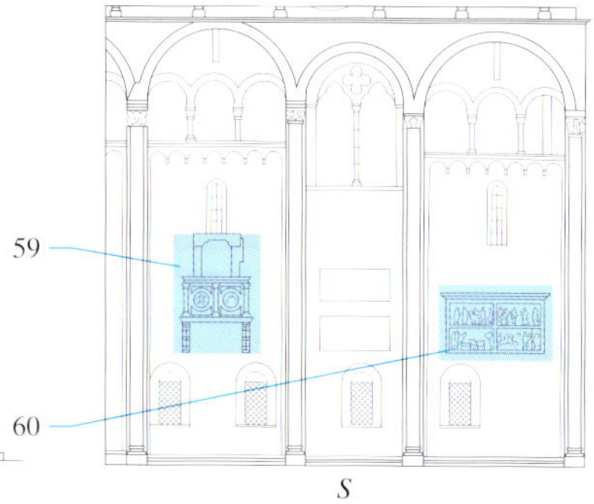

Flanc sud.

Giacomo da Ferrara
(doc. 1481-1518) et Paolo
di Giacomo (doc. 1483-1527).
59 La Chaire extérieure
(1500-1501).

Agostino di Antonio
di Duccio
(1418 env. - *post* 1481).
60 *Quatre épisodes de la vie de san Geminiano* (1442).

Südseite.

*Giacomo da Ferrara
(dok. 1481-1518) und Paolo di
Giacomo (dok. 1483-1527).*
59 Außenkanzel (1500-1501).

*Agostino di Antonio di Duccio
(1418 ca. -* post *1481).*
60 Vier Szenen aus dem Leben des heiligen Geminianus *(1442).*

59

60

Les absides

La nouvelle cathédrale a certainement pris ses origines des absides: c'est ici que l'architecte Lanfranco mit au point, pour ensuite l'étendre aux autres parties de l'édifices, la première élévation, "l'un des exemples de l'architecture romane des plus novateurs" (A. Peroni). D'ailleurs c'est dans l'abside principale qu'aujourd'hui encore on peut lire l'épigraphe écrit par le chanoine Aimone pour célébrer Lanfranco, et que l'administrateur Bozzalino fit graver et apposer au-dessus de la fenêtre centrale de la crypte.

Die Apsiden

Die Errichtung des neuen Doms begann bestimmt mit den Apsiden: Hier konnte der Baumeister Lanfranco die erste Vertikalprojektion vorbereiten, um sie dann auf alle anderen Teile des Gebäudes auszudehnen: "einer der innovativsten Umbrüche der romanischen Baukunst" (A. Peroni). Andererseits ist es gerade die Hauptapsis, wo wir heute noch die Inschrift lesen können, deren Text der Domherr Aimone zu Ehren von Lanfranco geschrieben hat, um sie in Stein einschlagen und vom Domverwalter Bozzalino über dem mittleren Fenster der Krypta anbringen zu lassen.

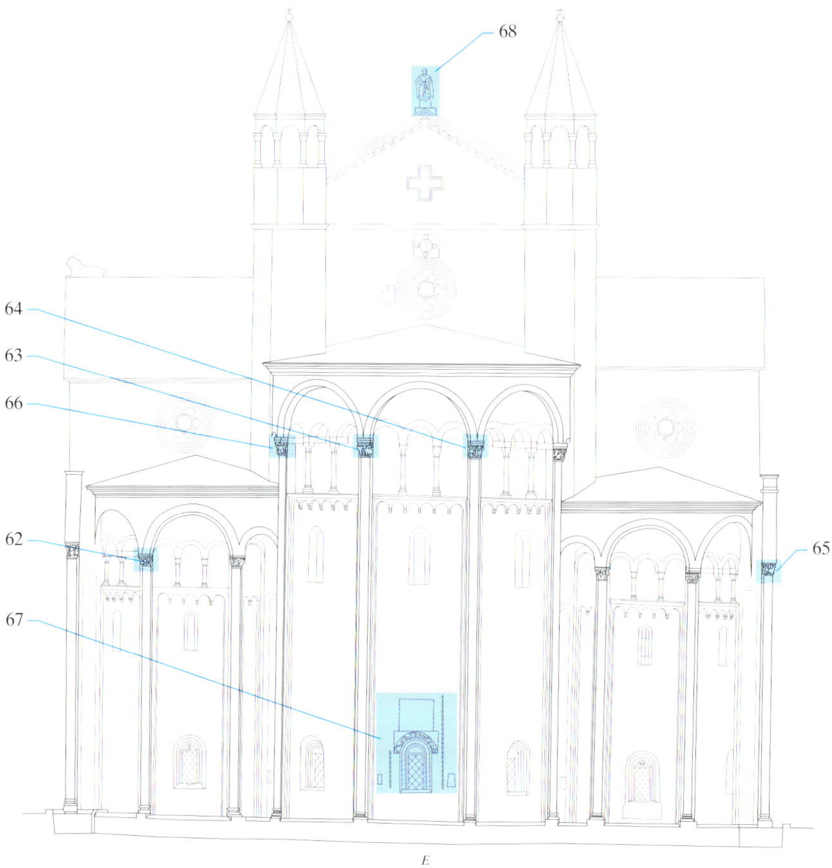

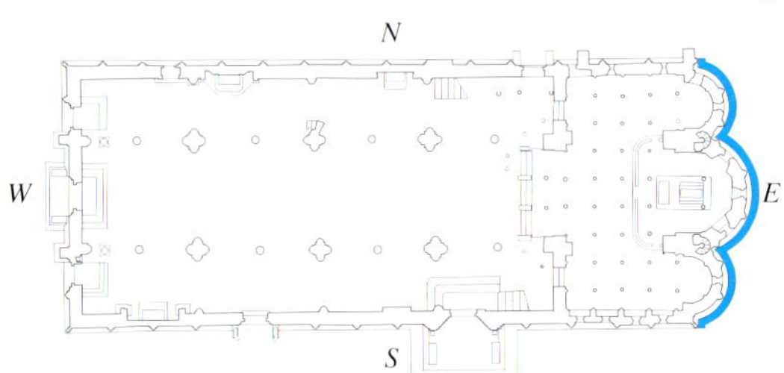

61 Les absides de la Piazza Grande.

61 Die Apsiden der Piazza Grande.

62

63

64

65

Absides.

62-66 Chapiteaux.

Apsiden.

62-66 *Kapitelle.*

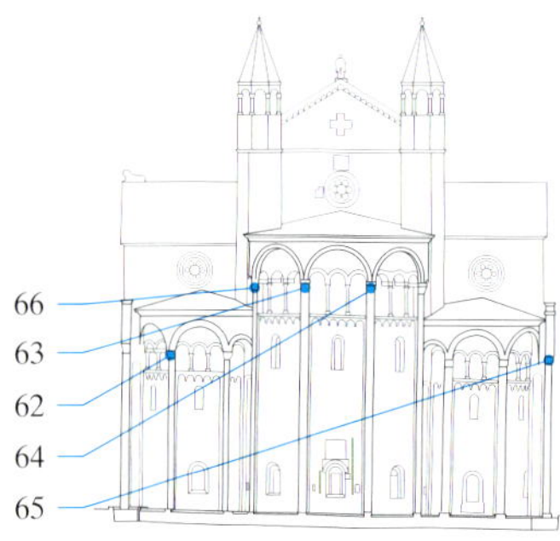

E

67

Abside.

67 Fenêtre de la crypte, inscription de l'architecte Lanfranco et anciennes mesures de la Commune de Modène.

68 L'archange Gabriel.

Apsis.

67 Fenster der Krypta, Inschrift des Baumeisters Lanfranco und antike Maße der Kommune Modena.

68 Der Erzengel Gabriel.

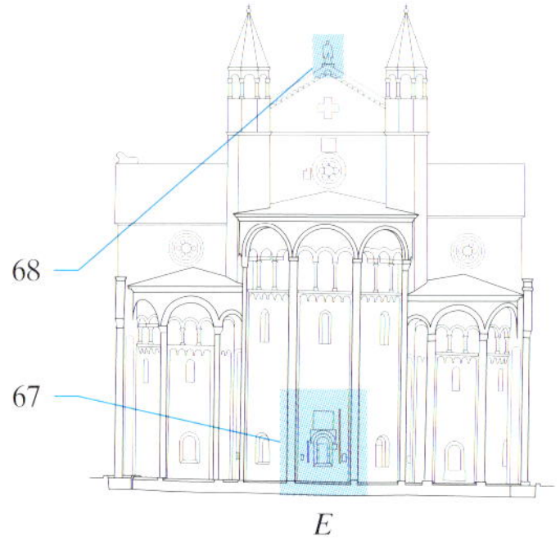

Le flanc nord

Die Nordseite

Le flanc nord, auquel est accolée la tour Ghirlandina, est celui le plus concerné par les travaux de restauration entrepris entre la fin du XIXe siècle et le début du XXe pour isoler la Cathédrale. La plus intéressante est la Porta della Pescheria (Porte de la Poissonnerie), appartenant à la première phase de la Cathédrale, donc aux débuts du XIIe siècle.

Die Nordseite, die sich neben dem Turm Ghirlandina befindet, ist diejenige, auf der zwischen dem Ende des 19. und dem Beginn des 20. Jahrhunderts die Restaurationsarbeiten stattfanden, die zur Freistellung des Doms führten. Das wichtigste Element ist die Porta della Pescheria (Fischerpforte), die zum ersten Bauabschnitt der Kathedrale gehört, also aus dem Beginn des 12. Jahrhunderts stammt.

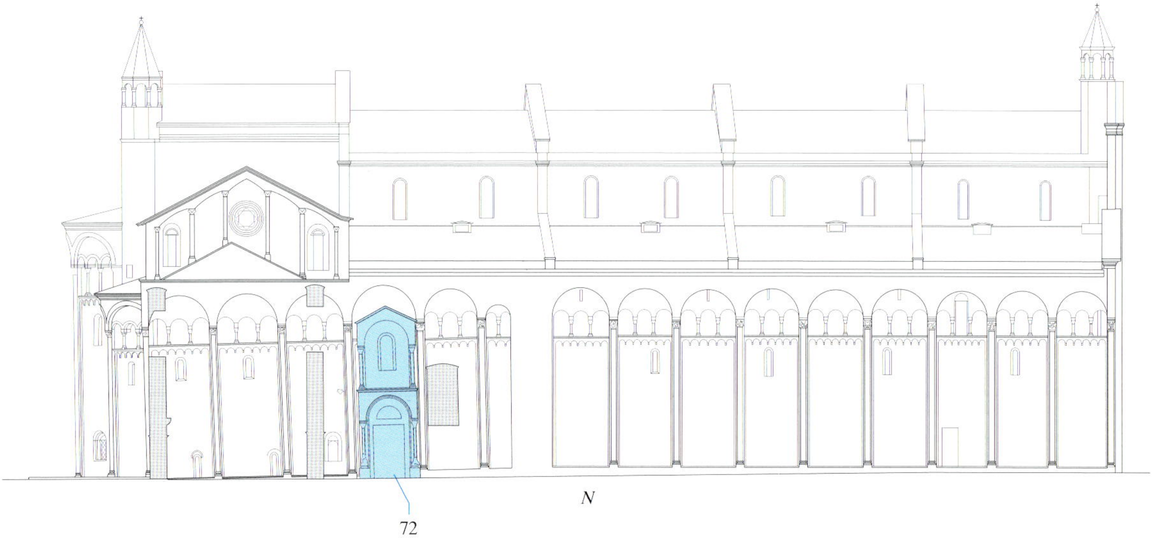

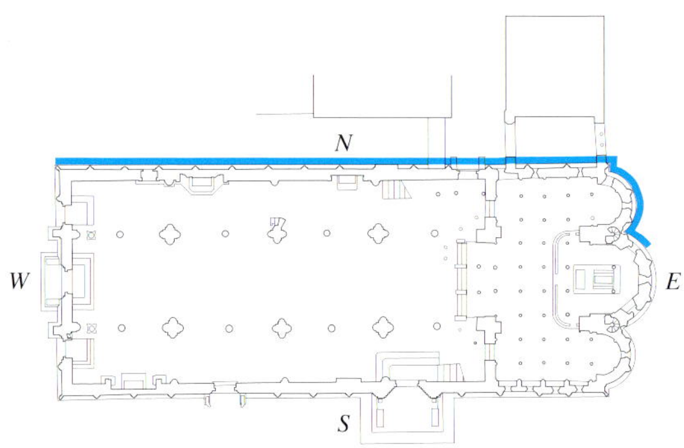

69

69 Les absides et le flanc nord.

69 Die Apsiden und die Nordseite.

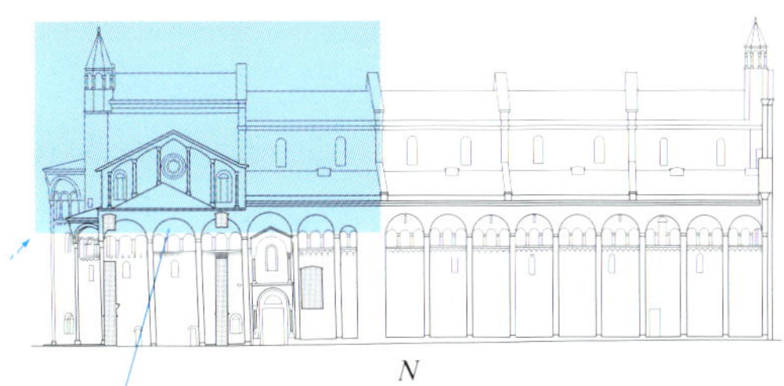

70

70 L'arc entre la Cathédrale et la tour Ghirlandina.

Flanc nord.

71 La Porta della Pescheria (Porte de la Poissonnerie).

70 Der Boden zwischen dem Dom und der Ghirlandina.

Nordseite.

71 Die Porta della Pescheria (Die Fischerpforte).

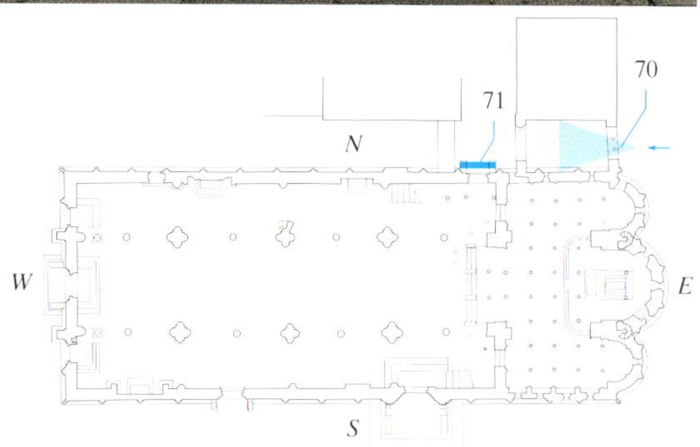

71

La Porta della Pescheria (Porte de la Poissonnerie)

La Porta della Pescheria appartient à la première phase de la construction de la Cathédrale. Les montants extérieurs reprennent le motif, déjà présent sur le portail principal de la façade, des télamons qui soutiennent le sarment habité; à l'intérieur les montants offrent un sujet très fréquent au Moyen Age, celui des travaux des mois: l'architrave accueille des fabliaux tirés des bestiaires. Mais le point le plus important du portail est sans aucun doute l'archivolte, présentant l'un des plus anciens témoignages du cycle breton (La légende d'Arthur).

Die Porta della Pescheria (Die Fischerpforte)

Die Porta della Pescheria (Fischerpforte) gehört zum ersten Bauabschnitt des Doms. Die Außenpfosten nehmen das Motiv auf, das schon auf dem Hauptportal an der Fassade vorhanden ist. Atlanten tragen die belebte Rebranke. Die Innenseite der Pfosten zeigt ein Thema, das im Mittelalter sehr häufig vertreten war, und zwar die Arbeiten im Laufe der Monate. Der Architrav zeigt uns Fabeln aus den Bestiarien. Aber die wichtigste Stelle des Portals ist ohne Zweifel die Archivolte, die eine der antiksten Darstellungen des bretonischen Ritterzyklus enthält.

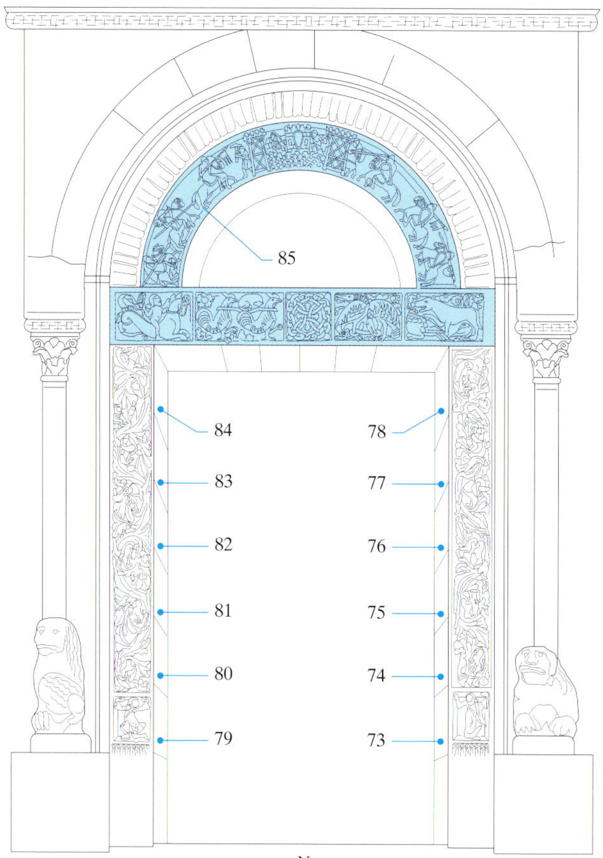

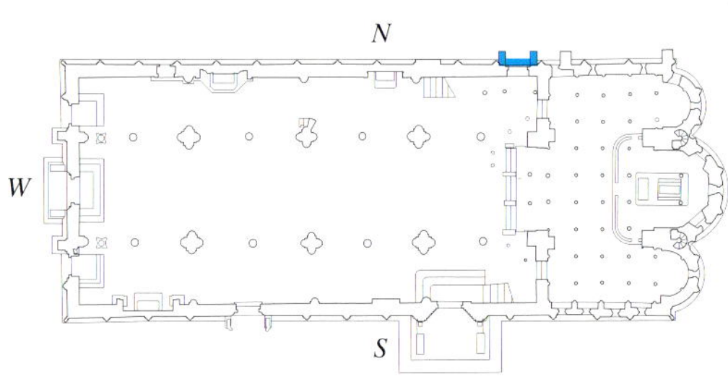

Flanc nord.
72 La Porta della Pescheria.

Nordseite.
72 Die Porta della Pescheria.

72

73

74

75

76

77

78

Flanc nord.
Porta della Pescheria.

73 Le mois de *Janvier*.
74 Le mois de *Février*.
75 Le mois de *Mars*.
76 Le mois d'*Avril*.
77 Le mois de *Mai*.
78 Le mois de *Juin*.

Nordseite.
Die Porta della Pescheria.

73 *Der Monat* Januar.
74 *Der Monat* Februar.
75 *Der Monat* März.
76 *Der Monat* April.
77 *Der Monat* Mai.
78 *Der Monat* Juni.

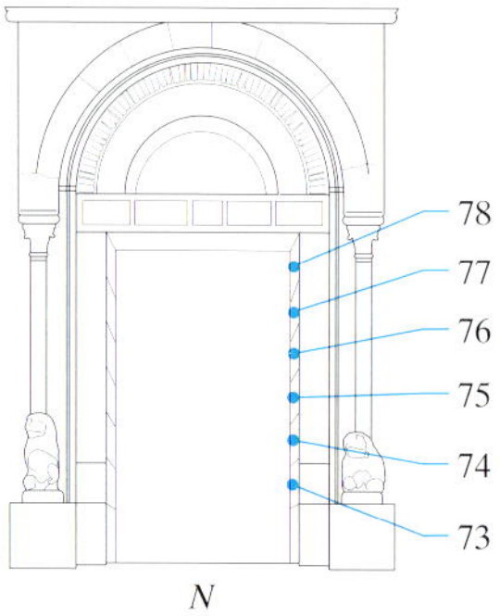

79

80

81

82

83

84

79 Le mois de *Juillet*.
80 Le mois d'*Août*.
81 Le mois de *Septembre*.
82 Le mois d'*Octobre*.
83 Le mois de *Novembre*.
84 Le mois de *Décembre*.

79 Der Monat Juli.
80 Der Monat August.
81 Der Monat September.
82 Der Monat Oktober.
83 Der Monat November.
84 Der Monat Dezember.

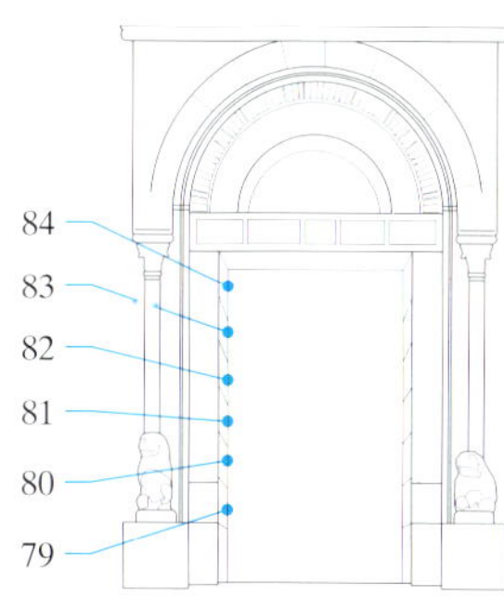

N

85

Flanc nord.
Porta della Pescheria.

85 Architrave et archivolte.

Nordseite.
Die Porta della Pescheria.

85 Architrav und Archivolte.

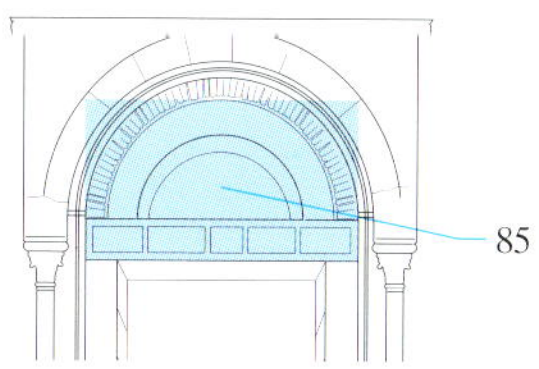
85

L'intérieur

L'intérieur est divisé en trois nefs, fermées à Est par le présbyterium surélevé et par la crypte. Sur le pilier de gauche entre la deuxième et la troisième travée, repose la chaire; devant le chœur, au-dessus de l'entrée de la crypte, on peut admirer le magnifique jubé des Maestri Campionesi. Des peintures, sculptures, dalles commémoratives et monuments funéraires sont accueillis le long des parois et sur la contre-façade.

Der Innenraum

Der Innenraum gliedert sich in drei Schiffe, die im Osten durch das erhöhte Presbyterium und die Krypta abgeschlossen werden. Auf dem linken Pfeiler zwischen dem zweiten und dritten Joch befindet sich die Kanzel, während vor dem Presbyterium, der wunderbare Lettner, ein Werk der Maestri Campionesi aufgestellt ist. Längs der Wände und auf der Gegenfassade befinden sich Gemälde, Skulpturen, Gedenksteine und Grabmäler.

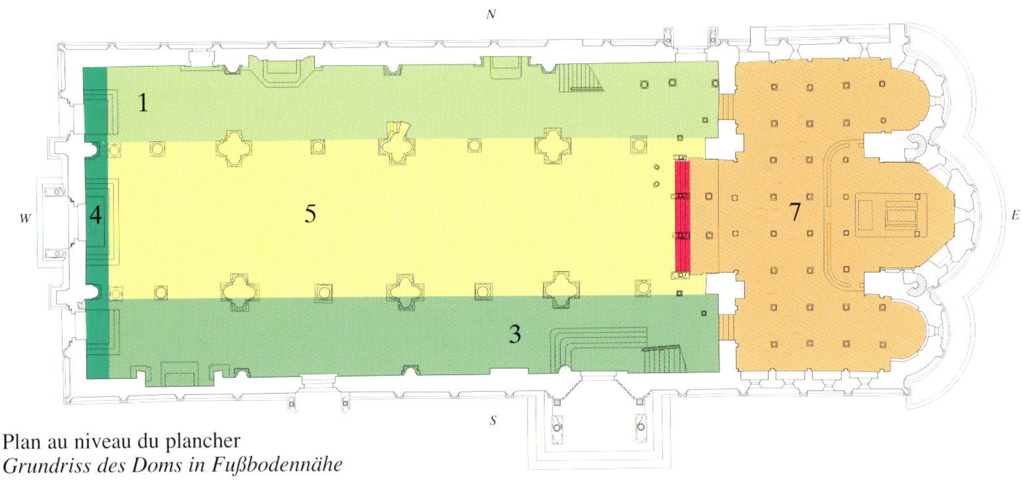

Plan au niveau du plancher
Grundriss des Doms in Fußbodennähe

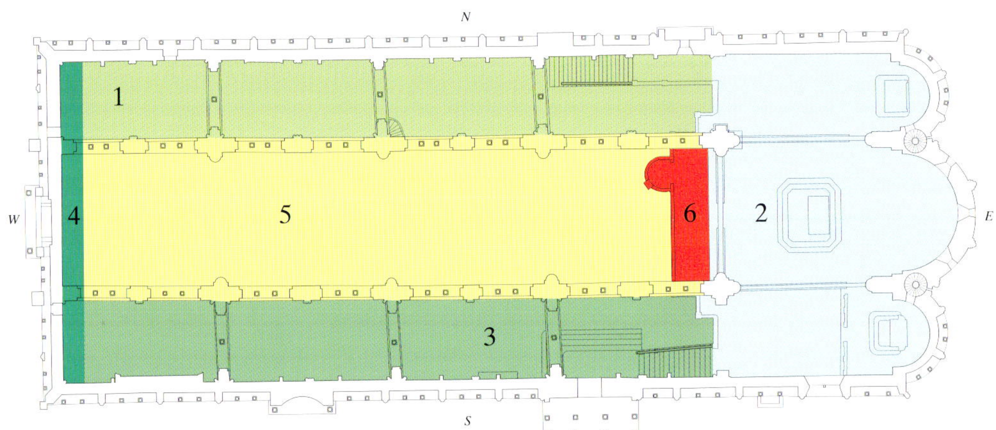

Plan au niveau du présbyterium
Grundriss des Doms auf der Höhe des Presbyteriums

1 Nef côté nord
Nördliches Seitenschiff

2 Présbyterium et choeur
Presbyterium und Chor

3 Nef côté sud
Südliches Seitenschiff

4 Contre-façade
Gegenfassade

5 Vaisseau central
Mittelschiff

6 Ambon et Jubé
Ambo und Lettner

7 Crypte
Krypta

86 L'intérieur côté ouest.

86 Der Innenraum von Westen gesehen.

87

Intérieur.

87 Le vaisseau central et la contre-façade à la sortie de la crypte.

Innenraum.

87 Das Mittelschiff und die Gegenfassade vom Ausgang der Krypta.

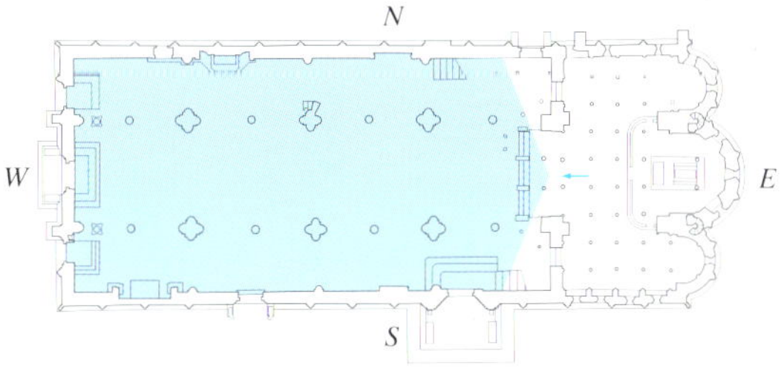
N
W
E
S

89

90

Intérieur. Nef nord.

Michele di Niccolò Dini,
appelé Michele dello Scalcagna
ou Michele da Firenze
(actif 1403-1443 env.).

88 Polyptyque appelé *Altare delle Statuine* - Autel des statuettes (1440-1441).

89 *Vierge à l'Enfant*.

90 *La Crucifixion*.

Innenraum.
Nördliches Seitenschiff.

Michele di Niccolò Dini, auch Michele dello Scalcagna oder Michele da Firenze genannt (aktiv 1403-1443 ca.).

88 Polyptychon, auch Altar der Statuen *genannt (1440-1441).*

89 Die Muttergottes mit dem Kind.

90 Die Kreuzigung.

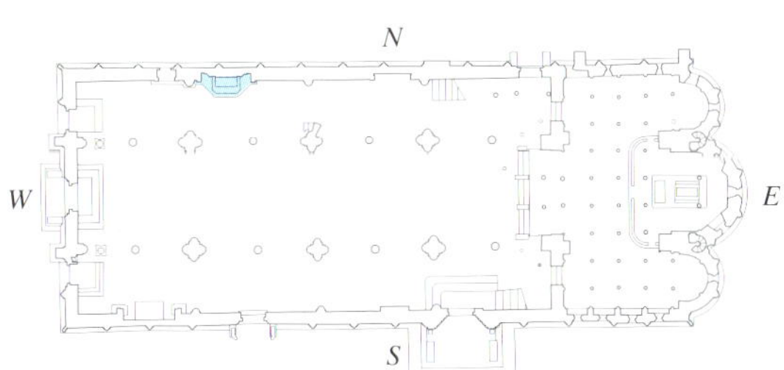

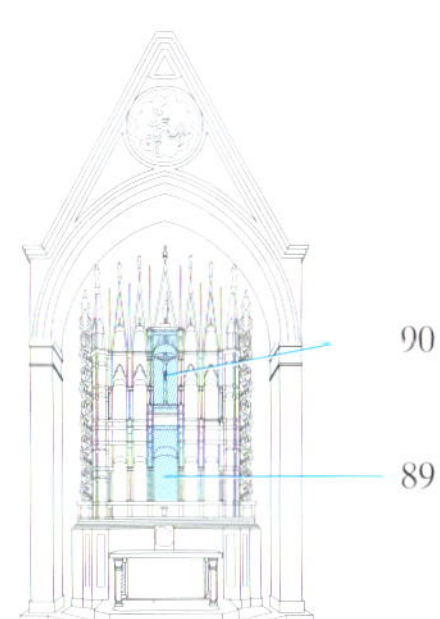

91

92

Intérieur. Nef côté nord.

Dosso Dossi (1486?-1542).
91 *Vierge à l'Enfant et saints* (*Retable de saint Sébastien*) (1518-1521).

Gianantonio da Mantova et Simone da Rodigo (doc. 1541), sur dessin de Giulio Romano.
92 Monument funéraire de Claudio Rangoni (1542 env.).

Innenraum. Nördliches Seitenschiff.

Dosso Dossi (1486?-1542).
91 Die Muttergottes mit dem Kind und mit Heiligen (Altarbild des heiligen Sebastian) *(1518-1521).*

Gianantonio da Mantua und Simone da Rodigo (dok. 1541), nach einer Zeichnung von Giulio Romano.
92 Grabmal von Claudio Rangoni (1542 ca.).

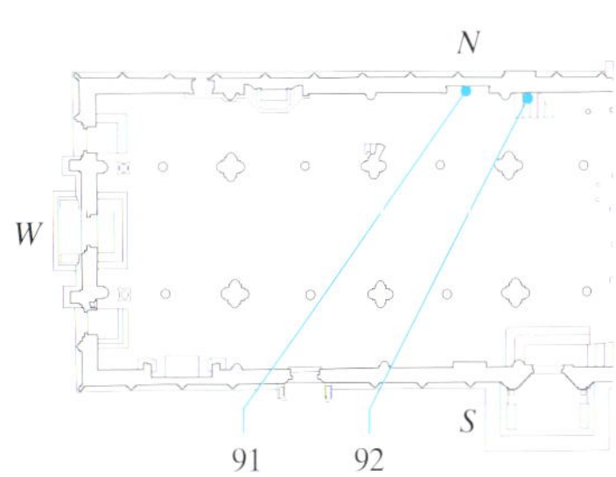

Intérieur.
Présbyterium.

Agostino di Duccio
(1418 env. - *post* 1481).
93 *San Geminiano sauve un enfant* (1442 env.).

Cristoforo Canozi dit
da Lendinara (doc. 1449-1490).
94-97 *Les Evangélistes Marc, Jean, Mathieu et Luc*, marqueteries en bois (1477).

Innenraum.
Presbyterium.

Agostino di Duccio
*(1418 ca.-*post *1481).*
93 Der heilige Geminianus, der einen Knaben rettet *(1442 ca.).*

Cristoforo Canozi, genannt von Lendinara (dok. 1449-1490).
94-97 Die Evangelisten Markus, Johannes, Matthäus und Lukas, *Einlegearbeiten aus Holz (1477).*

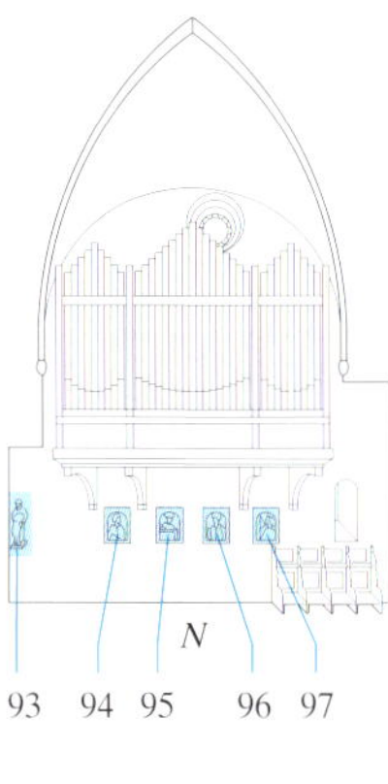

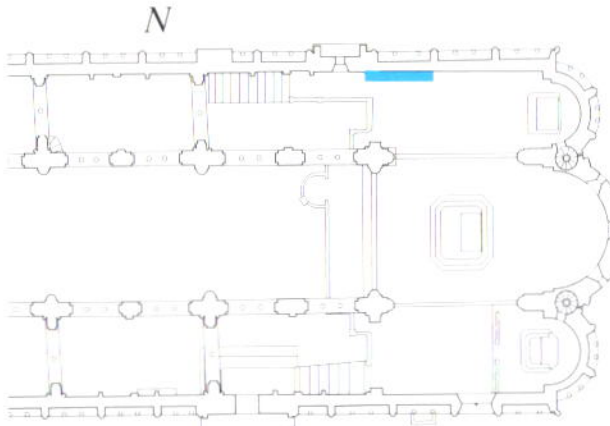

93

94

95

96

97

99

Intérieur. Abside nord.

Serafino de' Serafini
(doc. 1349-1393).

98 a Polyptyque avec *Le Couronnement de la Vierge, la Crucifixion et saints* (1385).

98 b Plaque avec la croix et animaux face à face (IXe s.).

Présbyterium.

Sculpteur de la deuxième moitié du XIIIe siècle.

99 *Crucifix* (1270-1300).

Der Innenraum. Nordapsis.

Serafino de' Serafini
(dok. 1349-1393).

98 a Polyptychon mit Die Krönung der Jungfrau Maria, die Kreuzigung und Heilige *(1385).*

98 b Tafel mit dem Kreuz und Tieren (9. Jhd.).

Presbyterium.

Bildhauer aus der zweiten Hälfte des 13. Jhd.

99 Kruzifix *(1270-1300).*

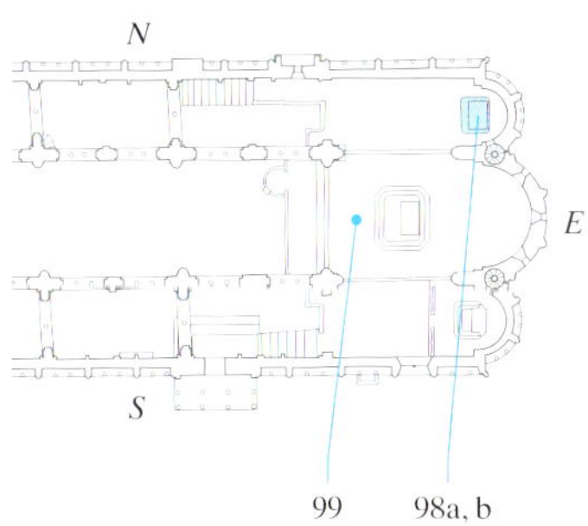

Intérieur.
Abside principale.

Cristoforo (doc. 1449-1490) et Lorenzo (doc. 1449-1477) Canozi, dits da Lendinara.
100 Choeur en bois sculpté (1461-1465).

Innenraum.
Hauptapsis.

Cristoforo (dok. 1449-1490) und Lorenzo (dok. 1449-1477) Canozi, genannt da Lendinara.
100 Holzchor mit Einlegearbeiten (1461-1465).

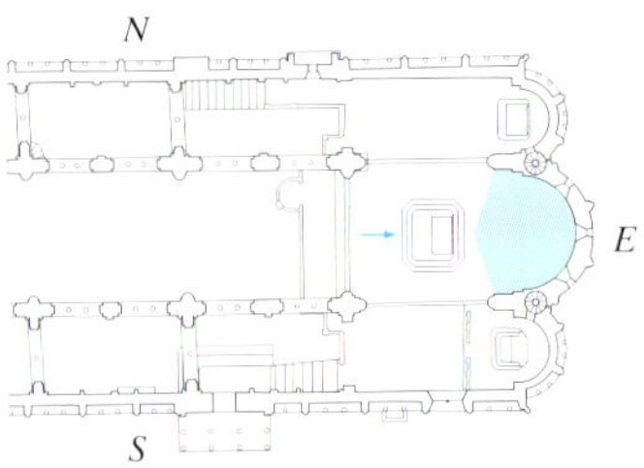

100

S. IOHANES

102

Intérieur. Nef côté sud.

101 La quatrième travée côté ouest avec la Porta Regia.

Bartolomeo Spani (1468-1539).
102 Monument funéraire de Francesco Maria Molza (1516).

Innenraum. Südliches Seitenschiff.

101 Das vierte Joch von Westen mit der Porta Regia.

Bartolomeo Spani (1468-1539).
102 Grabmal von Francesco Maria Molza (1516).

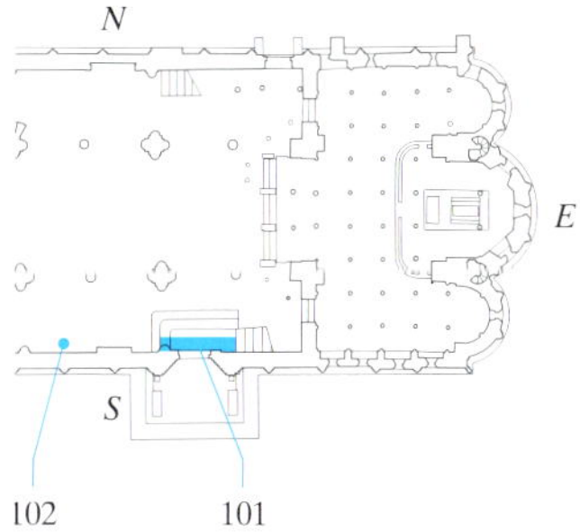

BEGARELLIANVM OPVS AB ARA S SEBASTIA
TRANSLATVM A MDCCCXCIX

103

104

105

106

Intérieur.
Nef côté sud.

Antonio Begarelli
(1499 env.-1565).
103-106 *Crèche*, terre cuite (1527).

Innenraum.
Südliches Seitenschiff.

Antonio Begarelli (1499 ca.-1565).
103-106 Krippe, *Terrakotta (1527).*

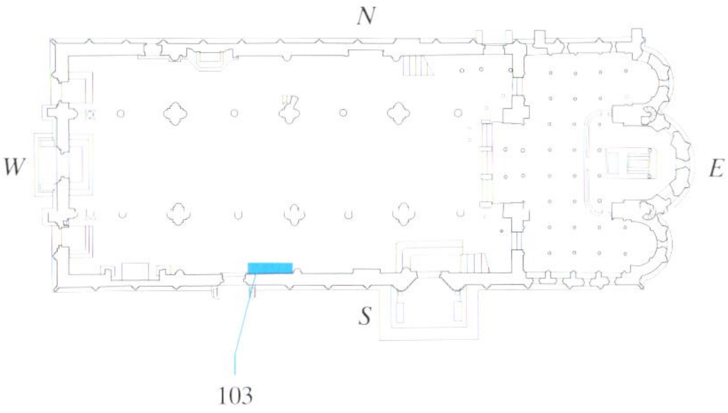

108

Intérieur. Nef côté sud.

Cristoforo Canozi, dit da Lendinara (doc. 1449-1490), attribué.
107 Fresques de la Chapelle Bellincini (1472 env.-1476).
108 *Vierge à l'Enfant.*

Innenraum. Südliches Seitenschiff.

Cristoforo Canozi von Lendinara (dok. 1449-1490), zugeschrieben.
107 Fresken der Bellincini-Kapelle (1472 ca.-1476).
108 Die Jungfrau mit dem Kind.

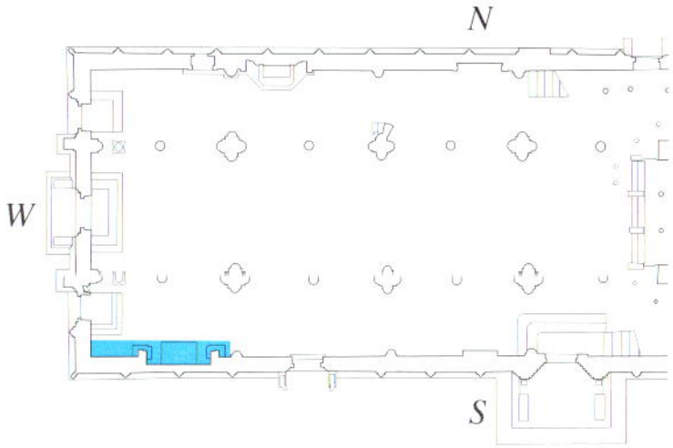

110

Intérieur.

109 La contre-façade.
110 La rosace des Maestri Campionesi.

Innenraum.

109 Die Gegenfassade.
110 Das Radfenster der Maestri Campionesi.

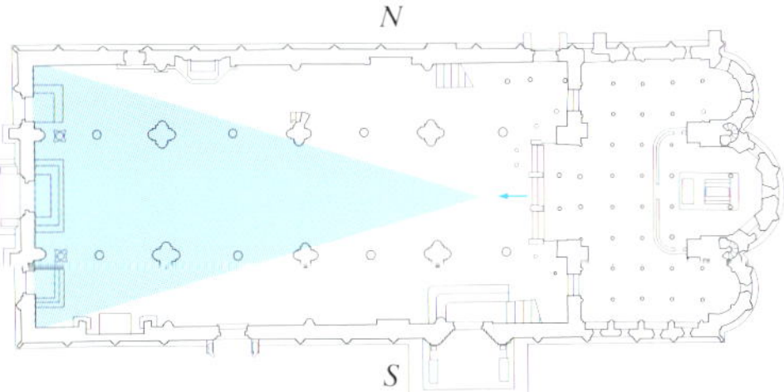

111

Intérieur.
Vaisseau central.

Enrico da Campione (XIVe siècle) et modeleurs du XVe et XVIIe siècle.
111 Chaire.

112 Le jubé des Maestri Campionesi et le présbyterium.

Innenraum.
Mittelschiff.

Enrico da Campione (14. Jhd.) und Künstler des 15. und 16. Jhd.
111 Kanzel.

112 Der Lettner der Maestri Campionesi und das Presbyterium.

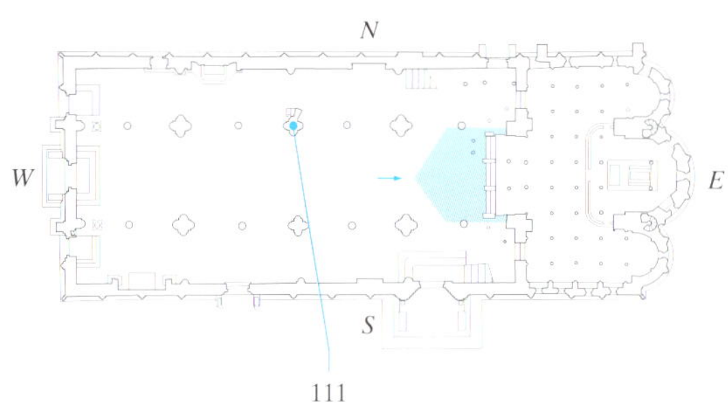

IESVS CHRISTVS HERI ET HODIE IPSE ET IN SAECVLA

113

114

115

116

Intérieur.
Vaisseau central.
113-119 Chapiteaux.

Innenraum.
Mittelschiff.
113-119 Kapitelle.

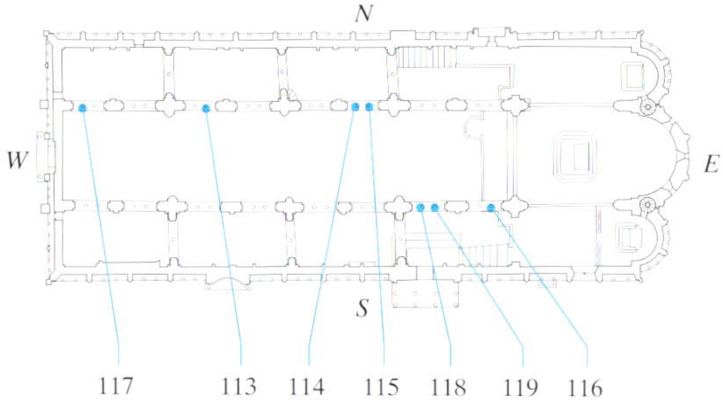

117

118

119

Le jubé des Maestri Campionesi

Une des plus grandes entreprises portées à terme par les sculpteurs de Campione dans la Cathédrale est assurément le jubé daté de la fin du XIIe siècle, qui forme l'articulation entre le vaisseau central, le présbyterium et la crypte. Recomposé aux débuts du XXe siècle il accueille un nombre important de sculptures: les lions stylophores, les télamons, les chapiteaux foliés ou historiés, les tablettes, les bas-reliefs de l'ambon et du parapet supérieur.

Der Lettner der Maestri Campionesi

Eines der größten Unterfangen, das von den Maestri Campionesi im Dom zu Ende gebracht wurde, ist bestimmt der Lettner Ende des 12. Jahrhunderts. Er befindet sich zwischen Mittelschiff, Presbyterium und Krypta. Er wurde zu Beginn des 20. Jahrhunderts wieder zusammengesetzt und enthält eine große Anzahl von Skulpturen: säulentragende Löwen, die Atlanten, Laub- und Figurenkapitelle, die Konsolen, die Flachreliefs des Ambos und der oberen Brüstung.

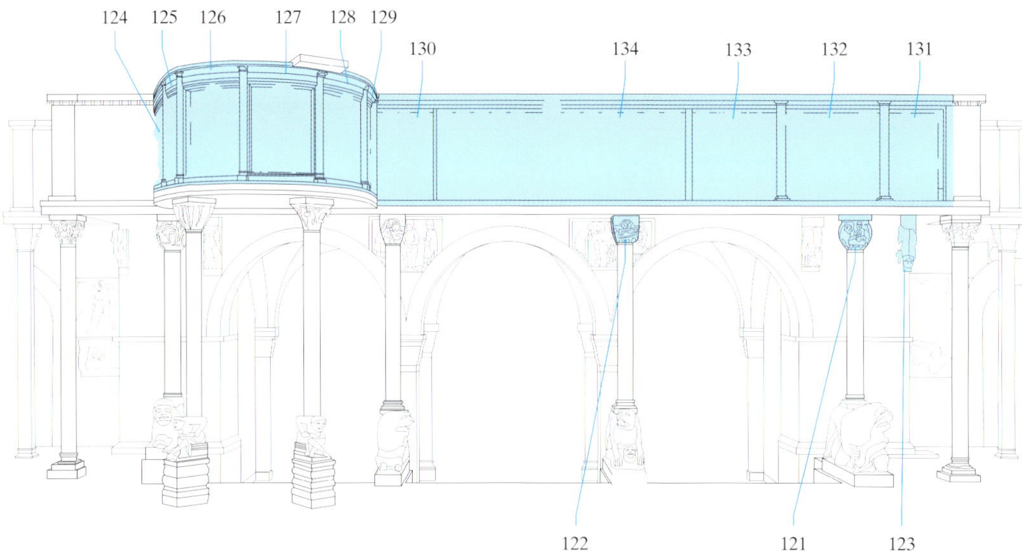

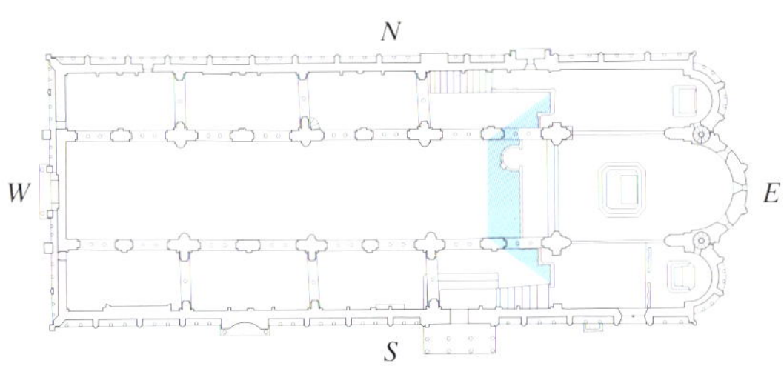

120

Intérieur.

120 L'ambon et le jubé des Maestri Campionesi.

Innenraum.

120 Der Ambo und der Lettner der Maestri Campionesi.

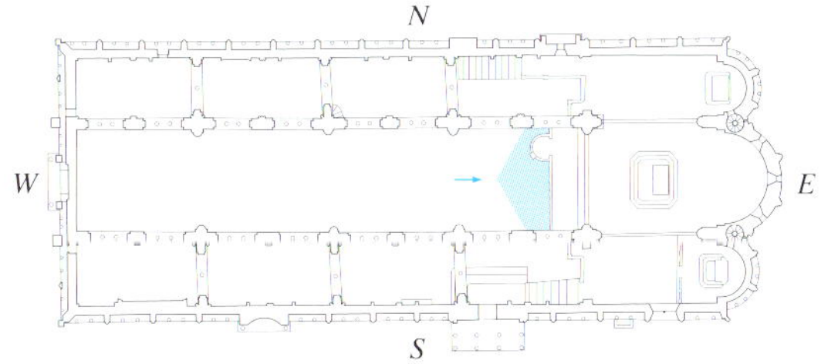

121

122

123

Intérieur. Jubé.

121 Chapiteau avec *Histoires de Daniel et d'Abacuc*.

122 Chapiteau avec *Histoires de saint Laurent*.

Partie frontale de l'accès à la crypte.

123 Support avec *Acrobate* et *Sanson déchirant la gueule du lion*.

Innenraum. Lettner.

121 Kapitell mit Geschichten von Daniel und Habakuk.

122 Kapitell mit Geschichten des heiligen Lorenz.

Frontseite, die Zugang zur Krypta gibt.

123 Konsole mit Akrobat *und* der löwenzerreißende Samson.

124

125

126

127

Intérieur.
Ambon.

124 *Saint Jérôme et Saint Ambroise.*
125 *Saint Augustin et Saint Grégoire.*
126 Les symboles de saint Marc et de saint Mathieu.
127 *Christ en majesté.*

Innenraum.
Ambo.

124 Die Heiligen Hieronymus und Ambrosius.
125 Die Heiligen Augustinus und Gregor.
126 Die Symbole der Heiligen Markus und Matthäus; 127 Würde des Herrn.

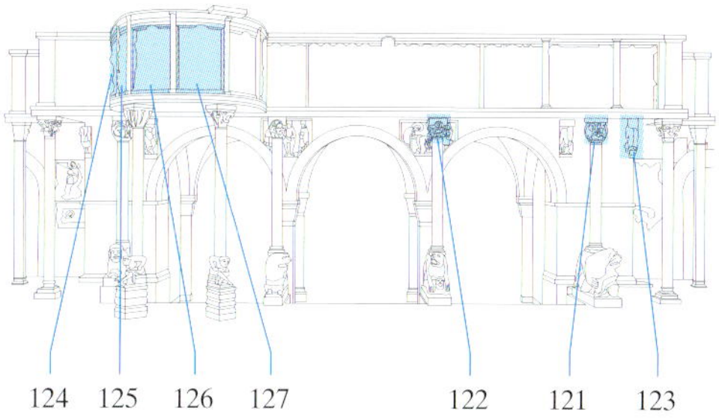

128

129

130

131

Intérieur.
Ambon.

128 Les symboles de saint Luc et de saint Jean. 129 *Jésus réveille saint Pierre.*

Intérieur.
Jubé.

130 *Le lavement des pieds*; 131 *Simon le Cyrénéen.*

Innenraum.
Ambo.

128 Die Symbole der Heiligen Lukas und Johannes; 129 Jesus, der den heiligen Petrus erweckt.

Innenraum.
Lettner.

130 Die Fußwäsche*;* *131* Simon, der Kyrene.

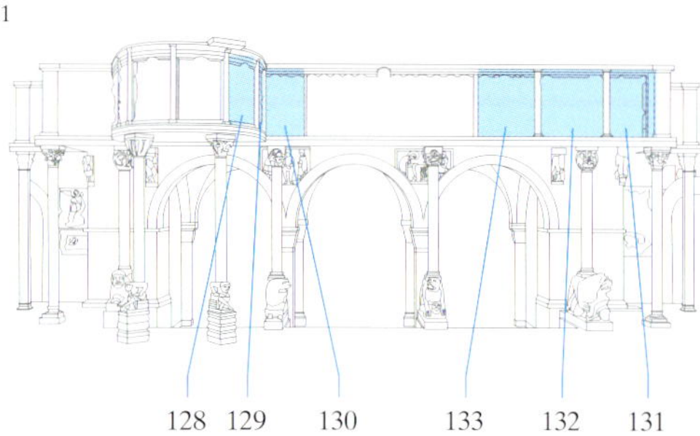

132

133

Intérieur.
Jubé.

132 *Christ devant Pilate* et *Flagellation*; **133** *Arrestation du Christ, Baiser de Judas* et *Pierre coupe l'oreille à Malchus*.

Innenraum.
Lettner.

132 Christus vor Pilatus *und die* Geißelung*; 133* Die Gefangennahme Christi, Der Judaskuss *und* Petrus, der dem Malchus das Ohr abschlägt.

134

Intérieur.
Jubé.
134 *La Dernière Cène.*

Innenraum.
Lettner.
134 Das letzte Abendmahl.

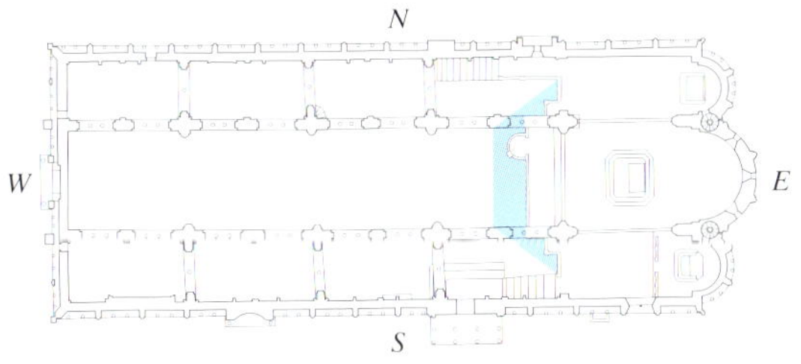

134

Intérieur.
Crypte.

135 L'abside centrale et le tombeau de san Geminiano vus de sud-ouest.

Innenraum.
Krypta.

135 Die Hauptapsis und das Grabmal des heiligen Geminianus, von Südwesten gesehen.

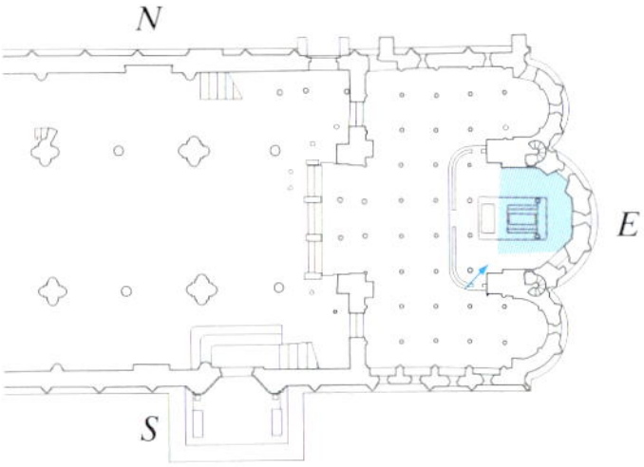

135

136
Intérieur.
Crypte.

Guido Mazzoni (1450 env.-1518).
136 *Vierge à l'Enfant, saint Joseph* (?), *saint'Anne* (?) *et une servante* (*Madone de la bouillie*) (1480-1485 env.).

Innenraum.
Krypta.

Guido Mazzoni (1450 ca.-1518).
136 Die Jungfrau mit dem Kind, der heilige Josef *(?)*, die heilige Anna *(?)* und eine Dienstmagd *(*Madonna della pappa*)* *(1480-1485 ca.)*.

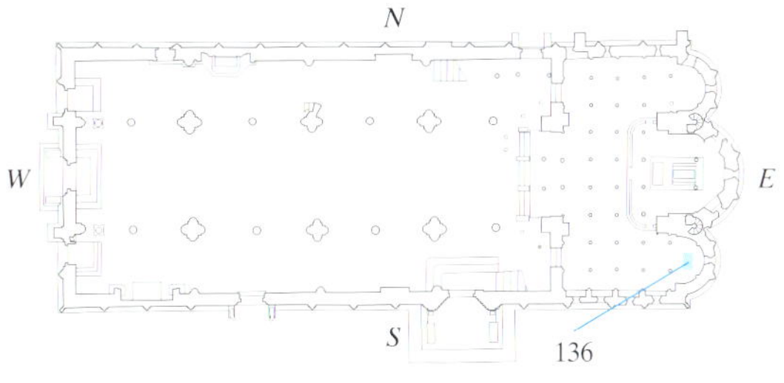
N
W
E
S
136

137

Intérieur.
Crypte.

Guido Mazzoni
(1450 env.-1518).

137 *Vierge à l'Enfant, saint Joseph* (?), *saint'Anne* (?) *et une servante* (*Madone de la bouillie*) (1480-1485 env.), détail.

Innenraum.
Krypta.

Guido Mazzoni
(1450 ca.-1518).

137 Die Jungfrau mit dem Kind, der heilige Josef *(?)*, die heilige Anna *(?)* und eine Dienstmagd *(*Madonna della pappa*)* *(1480-1485 ca.), Detail.*

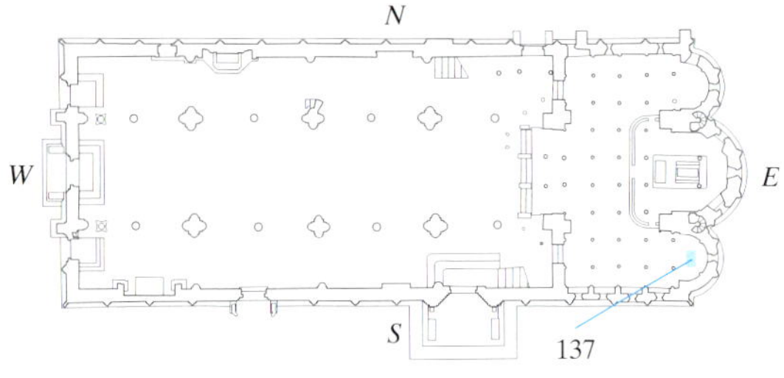

La Cathédrale de Modène

Der Dom von Modena

Fiches

Tafeln

1 **Vue aérienne du centre ville de Modène, côté sud.**

Placée à ouest de l'ancienne "Mutina" romaine, dont on devine le plan régulier dans la partie orientale du centre historique, la Cathédrale, avec la Piazza Grande attenante, est devenue dans le temps le véritable point central de Modène; au Bas Moyen Age la ville se développa en éventail autour de celui-ci en suivant le cours des nombreuses voies d'eau présentes autrefois en ville. En haut, à la base de ce que l'on appelle "Adjonction d'Ercule d'Este", on aperçoit l'imposant Palais Ducal.

Luftbild des historischen Stadtkerns von Modena von Süden.

Ursprünglich am Westrand der antiken Römerfestung "Mutina" gelegen, deren regelmäßigen Grundriss man im Ostbereich des historischen Stadtkerns noch erraten kann, sind der Dom und die daneben liegende Piazza Grande mit der Zeit zum echten Mittelpunkt von Modena geworden. Die Stadt entwickelte sich im Frühmittelalter strahlenförmig und folgte dem Verlauf der zahlreichen Wasserwege, die früher einmal in der Stadt vorhanden waren. Oben, an der Basis der sogenannten "Addizione Erculea" kann man den massiven Bau des Herzogspalastes erkennen.

2 **Vue aérienne de la Cathédrale, de la Ghirlandina et de Piazza Grande, côté ouest.**

A la fin du XIXe siècle, vu que plusieurs corps de bâtiment étaient encore adossés à la Cathédrale, plusieurs projets furent élaborés pour l'isoler complètement. Les «coulisses» architecturales donnant sur le parvis furent conservées, tandis que les flancs furent libérés des palais et ateliers en préservant seulement les deux arcs gothiques côté nord, situés sur l'actuelle rue Lanfranco. En haut, côté est de Piazza Grande, on remarque le Palais Communal avec la Tour de l'Horloge.

Luftbild vom Dom, der Ghirlandina und Piazza Grande, von Westen.

Gegen Ende des 19. Jahrhunderts war der Dom noch von Gebäuden umgeben, die dicht an ihm heranstanden. Daher wurden einige Projekte aufgestellt, um ihn ganz zu isolieren. Die architektonische Kulisse, die den Vorplatz der Kirche säumt, wurde jedoch beibehalten. Nur die Seiten wurden von den Palästen und Geschäften freigelegt. Jetzt gibt es nur noch die beiden gotischen Bögen auf der Nordseite, die sich über der heutigen Via Lanfranco befinden. Oben auf der Ostseite der Piazza Grande erkennt man das Rathaus und den Uhrturm.

3 **La façade.**

Rythmée par trois sections parfaitement proportionnées, la façade marque l'affirmation du style sculptural de Wiligelmo sur le projet initial élaboré par l'architecte Lanfranco. Les transformations apportées un siècle plus tard par les Maestri Campionesi furent nombreuses; ils ouvrirent deux portes latérales et y ajoutèrent la grande rosace. A une époque récente, la plus importante intervention a été le rajout des deux édicules sommitales, restaurées en 1936 à la place de celles qui s'écroulèrent lors du tremblement de terre de 1671.

Die Fassade.

Die in drei perfekt proportionierte Teile gegliederte Fassade ist das Zeichen des Überwiegens des Teils der Bauplastik von Wiligelmus über das anfängliche Projekt, das der Baumeister Lanfranco erarbeitet hatte. Man erkennt auch zahlreiche Änderungen, die über ein Jahrhundert später von den Maestri Campionesi ausgeführt wurden, von denen die beiden Seitenportale eröffnet und das große Radfenster hinzugefügt wurde. In neuerer Zeit wurden zwei Türmchen aufgesetzt, die 1936 anstelle der beim Erdbeben im Jahre 1671 eingestützten neu errichtet wurden.

4-13 **Façade.**
Wiligelmo.
Plaques avec des épisodes de la Genèse.

Le bandeau de reliefs placés à différentes hauteurs sur la façade de la Cathédrale, représentant des scènes bibliques tirées de la Genèse, est l'oeuvre la plus célèbre du corpus sculptural de Wiligelmo. L'emplacement actuel sur des niveaux décalés est dû à un remaniement réalisé à une époque antérieure par les Maestri Campionesi pour ouvrir les deux portes latérales.

Fassade. Wiligelmus.
Tafel mit Szenen aus der Genesis.

Das Reliefband, das in unterschiedlichen Höhen auf der Fassade des Doms angebracht ist, stellt biblische Szenen dar, die aus dem Buch der Genesis stammen. Das ist der berühmteste und unanfechtbare Teil des Skulpturenwerks von Wiligelmus. Die aktuelle Anordnung auf versetzten Höhen beruht auf einem Umbau, der in einer Zeit nach ihm durch die Maestri Campionesi vorgenommen wurde, um die Seitenpforten zu öffnen.

Façade. Wiligelmo. Première plaque avec des épisodes de la Genèse.
Christ dans une mandorle et la création d'Adam.
La création d'Eve.
Le Pêché Originel.

Le premier relief en marbre, placé au-dessus de l'entrée de gauche, à l'image du Père Eternel, fermée dans une mandorle soutenue par des anges, est suivi par la création d'Adam, lequel s'écroule tout de suite endormi pendant que Dieu crée Eve et celle-ci tend la main confiante vers son Créateur. Les deux aïeuls, se couvrant avec la feuille de vigne, s'approchent ensuite de l'arbre sur lequel s'enroule le serpent, et Eve offre à Adam le fruit interdit.

Fassade. Wiligelmus. Erste Tafel mit Szenen aus der Genesis.
Gottvater in der Mandorla und die Erschaffung Adams. Die Erschaffung Evas.
Der Sündenfall.

Im ersten Marmorrelief, das sich über dem linken Eingang befindet, folgt auf das Bildnis von Gottvater, das in eine Mandorla eingeschlossen ist und von Engeln gehalten wird, die Erschaffung Adams, der sofort in einen tiefen Schlaf fällt, während Gott aus seiner Rippe Eva erschafft, die ihre Hand vertrauensvoll dem Schöpfer reicht. Adam und Eva bedecken sich mit dem Feigenblatt und nähern sich dem Baum, um den sich die Schlange wickelt, und Eva bietet Adam die verbotene Frucht an.

4, 8

Façade. Wiligelmo.
Deuxième plaque avec des épisodes de la Genèse.
L'Eternel reproche Adam et Eve.
Adam et Eve chassés du Paradis.
Adam et Eve labourent la terre.

Le pêché et le châtiment sont le sujet de la deuxième plaque, placée à gauche du Portail principal et bien plus détériorée. Appelés à répondre du pêché devant Dieu, les progéniteurs portent la main au visage en signe de désespoir, puis sont chassés par l'ange avec l'épée dégainée et enfin apparaissent absorbés par le dur labeur des champs dans une image tout à fait inhabituelle, et peut être unique, dans l'iconographie de la Genèse au Moyen Âge.

Fassade. Wiligelmus. Zweite Tafel mit Szenen aus der Genesis. **Gott bestraft Adam und Eva.**
Die Vertreibung aus dem Paradies.
Adam und Eva bei der Arbeit.

Sünde und Bestrafung sind das Thema der zweiten Tafel, die sich links vom Hauptportal befindet und leider nicht sehr gut erhalten ist. Adam und Eva stehen vor Gott, um ihm für ihren Sündenfall Rechenschaft zu leisten und bedecken sich im Zeichen der Verzweiflung die Augen. Dann werden sie von einem Engel mit gezogenem Schwert aus dem Paradies vertrieben. Danach sehen wir sie bei der harten Feldarbeit, was im Rahmen der mittelalterlichen Ikonographie der Genesis eine unübliche, vielleicht sogar eine einzigartige Darstellung ist.

5, 9, 10

Façade. Wiligelmo. Troisème plaque avec des épisodes de la Genèse.
Le sacrifice de Caïn et Abel.
Abel tué par Caïn. Dieu reproche Caïn.

A droite du Portail principal, la troisième plaque montre Caïn et Abel offrant des sacrifices à Dieu, puis Caïn qui tue son frère et la condamnation de Dieu qui lève le geste de sa malédiction sur le fratricide.

Fassade. Wiligelmus.
Dritte Tafel mit Szenen aus der Genesis.
Das Opfer von Kain und Abel.
Kain ermordet Abel. Gott bestraft Kain.

Rechts vom Hauptportal befindet sich die dritte Tafel, die uns Kain und Abel zeigt, die dem Herrn ein Opfer bringen, aber dann tötet Kain seinen Bruder und es folgt die Verurteilung Gottes mit dem Zeichen der Verdammung, das dem Brudermörder folgt.

6, 11, 12

Façade. Wiligelmo.
Quatrième plaque avec des épisodes de la Genèse.
Lamech tue Caïn. L'arche de Noé.
Noé et ses fils sortant de l'arche.

Dans la quatrième et dernière plaque, placée par les Maestri Campionesi sur le portail de droite et mieux conservée, nous assistons à la mise à mort de Caïn par l'aveugle Lamech et ensuite, par un saut temporel hardi, voici l'Arche de Noé, avec le patriarche qui se penche confiant sur le pont avec sa

Fassade. Wiligelmus.
Vierte Tafel mit Szenen aus der Genesis.
Lamech tötet Kain. Die Arche Noah.
Noah und seine Kinder verlassen die Arche.

In der vierten Tafel, die von den Maestri Campionesi über der rechten Pforte angebracht wurde und die Tafel mit dem besten Erhaltungszustand ist, wohnen wir der Ermordung Kains durch den blinden Lamech bei. Dann sehen wir mit einem kühnen Zeitsprung die Arche Noah mit dem Patriarchen, der zuerst zusammen mit seiner Frau gelassen an Deck

7, 13

femme et puis, le Déluge s'étant apaisé, il descend à terre avec ses fils.

14, 18 **Façade. Chapiteaux.**

Sur la façade, le signe peut-être le plus évident du passage des consignes entre Lanfranco et Wiligelmo est certainement celui de la décoration des chapiteaux placés au niveau des arcades; à la place de la décoration foliacée néo-corinthienne des absides on retrouve des motifs figurés avec des protomés animales, des têtes et des masques masculins et féminins, des télamons recourbés sous le poids du tailloir.

19 **Façade.**
Wiligelmo.
***Enoch* et *Elie* tiennent la tablette portant l'inscription qui évoque la fondation de la Cathédrale.**

Réalisée aux débuts du XIIe siècle, la plaque avec l'inscription en latin, soutenue par les prophètes Enoch et Elie, rappelle en caractères plus grands, avec quelques références astronomiques, la fondation de la Cathédrale en l'an 1099. Au-dessous, en caractères plus petits, on peut lire le nom et les mérites du sculpteur Wiligelmo.

20, 21 **Façade. Wiligelmo.**
Petits génies porte-flambeaux.

Fidèlement repris sur des modèles de l'antiquité classique, les deux putti ailés avec flambeau renversé doivent être compris comme génies de la mort et du deuil, symboles funéraires dont le sens devait être bien connu au sculpteur. L'oiseau du petit génie de gauche a été identifié par la critique par un ibis, symbole du mauvais chrétien ou bien avec un pélican, faisant allusion à l'espoir de la résurrection offert par le sacrifice du Christ.

22 **Façade.**
Wiligelmo. Le Portail principal.

Encadré par un tympan surmonté d'une édicule et reposant sur des lions romains de réemploi, le Portail principal est principalement formé par deux éléments décoratifs: le sarment habité qui longe les montants, sur l'architrave et sur l'archivolte, et les douze prophètes serrés dans d'étroites édicules à l'intérieur des montants. Tout aussi remarquables les chapiteaux des demi-colonnettes torses et les deux télamons à la base des montants.

23, 24 **Façade.**
Wiligelmo.

steht und dann am Ende der Sintflut mit seinen Kindern auf den festen Boden der Erde zurückkehrt.

Fassade. Kapitelle.

Das eindeutigste Zeichen der Übergabe der Bauleitung zwischen Lanfranco und Wiligelmus erkennt man auf der Fassade in der Dekoration der Kapitelle, die sich auf der Höhe der Zwerggalerie befinden, wo wir anstelle der neokorinthischen Blattdekoration der Apsiden Figurenmotive mit Tierköpfen, weiblichen und männlichen Köpfen und Fratzen finden, sowie auch Atlanten, die sich unter dem Gewicht des Kämpfers beugen.

Fassade. Wiligelmus.
Enoch *und* Elias *tragen die Tafel mit der Inschrift, die an die Gründung des Doms erinnert.*

Zu Beginn des 12. Jahrhunderts angefertigt, erinnert die Tafel mit einer Inschrift auf Latein, die von den Propheten Enoch und Elias getragen wird, mit größeren Buchstaben und mit einigen astronomischen Bezugspunkten auf die Gründung des Doms im Jahre 1099, während unten in kleineren Buchstaben der Name und die Verdienste des Bildhauers Wiligelmus folgen.

***Fassade. Wiligelmus.* Fackeltragende Kinderengel.**

Getreu von den Modellen der klassischen Antike übernommen, sind die beiden beflügelten Kinderengel mit nach unten weisender Fackel als Schutzgeister des Todes und der Trauer zu verstehen, Trauersymbole, deren Bedeutung dem Bildhauer gut bekannt gewesen sein durfte. Der Vogel des linken Kinderengels ist von den Kritikern als ein Ibis, Symbol des schlechten Christen, oder als ein Pelikan identifiziert worden, der die Hoffnung der Auferstehung andeutet, die das Opfer Christi uns bietet.

Fassade. Wiligelmus. Das Hauptportal.

Von einer Vorhalle umrahmt, unter einer Ädikola stehend und auf Löwen römischer Herkunft stehend, besteht das Hauptportal im wesentlichen aus zwei dekorativen Elementen: der belebten Rebranke, die auf den Pfosten, auf dem Architrav und der Archivolte verläuft, und den zwölf Figuren der Propheten, die in engen Feldern innerhalb der Torpfosten aufgereiht sind. Bemerkenswert sind auch die Kapitelle der gewundenen Halbsäulen und die beiden Atlanten an der Basis der Pfosten.

Fassade. Wiligelmus.
Das Hauptportal.

Portail principal.
Détails du sarment habité.

Tiré des bestiaires du Moyen Âge, le sarment habité est une volute végétale enchevêtrée dans laquelle sont renfermées des êtres humains et des créatures féroces sculptées avec une fantaisie capricieuse et inépuisable. Parmi les détails les plus importants, plusieurs nus et quelques vendangeurs en train de cueillir le raisin.

Details zu der belebten Rebranke.

Den mittelalterlichen Bestiarien entnommen, ist die belebte Rebranke ein pflanzliches Gewirr, in dem man menschliche Figuren und wilde Tiere entkennen kann, die mit einer schier unerschöpflichen und launenhafter Phantasie im Stein abgebildet wurden. Zu den bedeutsamsten Details gehören einige nackte Figuren und andere, die dabei sind, die Weintrauben zu ernten.

Façade. Wiligelmo.
Portail principal.
Le prophète Abacuc. Le prophète Ezéchiel.
Le prophète Isaïe.

Précédés par deux anges et renfermés dans d'élégantes structures architectoniques à arcs en plein cintre, les douze Prophètes qui préconisèrent l'Avènement salvateur de Christ s'inspirent au texte pseudo-agostinien de l'*Ordo Prophetarum* et peuvent être interprétés comme le fondement de l'Eglise.

Fassade. Wiligelmus. Das Hauptportal. 25,
Der Prophet Habakuk. Der Prophet Hesekiel.
Der Prophet Jesaja. 26,

Auf zwei Engel folgend und in die eleganten baulichen Strukturen mit Rundbögen eingeschlossen, 27 *verheißen die zwölf Figuren der Propheten das erlösende Kommen Christi, inspirieren sich an dem pseudoagustinischen Text der* Ordo Prophetarum *und können als Fundament der Kirche selbst verstanden werden.*

Façade.
Wiligelmo.
Portail principal.
Chapiteau de droite.

Les chapiteaux placés sur les demi-colonnettes torses sont occupés, à gauche, par deux télamons en équilibre précaire sur le petit collier strigile, et à droite par deux figures séparées par un chien à deux têtes et agrippées à un anneau végétal.

Fassade. Wiligelmus. 28
Das Hauptportal.
Rechtes Kapitell.

Die Kapitelle auf den gewundenen Halbsäulen werden auf der Linken von zwei Atlanten mit unsicherem Gleichgewicht auf einer Art Girlande und zur Rechten von zwei Figuren eingenommen, die durch einen zweiköpfigen Hund getrennt werden und sich an einem Pflanzenring festklammern.

Façade.
Tympan.
Relief avec cerfs qui s'abreuvent à la source.
Relief avec lions, animaux fantastiques
et une silhouette humaine.

Dans l'arcade du tympan les arêtes des panaches portent deux reliefs pour lesquels, sur la base du traitement anatomique méticuleux des animaux, on accepte communément de les attribuer à Wiligelmo. Dans le relief de droite une figure humaine nue chevauche un être monstrueux.

Fassade. Vorhalle. 29,
Relief mit Hirschen, die an der Quelle trinken.
Relief mit Löwen, Fabeltieren und einer
menschlichen Figur. 30

Im Bogenfeld der Vorhalle sind die Zwickelkanten mit zwei Reliefs versehen, für die aufgrund der sorgfältigen Anatomie der Tiere die Zuschreibung zu Gunsten von Wiligelmus nunmehr allgemein anerkannt wird. Im rechten Relief erkennt man auch eine nackte menschliche Figur, die auf einem Fabelwesen reitet.

Façade.
La rosace des Maestri Campionesi.

La grande rosace située dans la partie supérieure de la façade fut ajoutée par les maîtres de Campione un siècle après le projet de réédification de la Cathédrale de la part de l'architecte Lanfranco. Les Campionesi travaillèrent avec grande expertise sur la partie en maçonnerie, en augmentant considérablement l'intensité lumineuse à l'intérieur de l'édifice.

Fassade. Das Radfenster der Maestri Campionesi. 31

Das große Radfenster im oberen Teil der Fassade wurde von den Maestri Campionesi über ein Jahrhundert nach dem Projekt zum Neubau des Doms durch den Baumeister Lanfranco hinzugefügt. Die Maestri Campionesi arbeiteten mit großem Sachverstand im Mauerwerk und erhöhten dadurch den Lichteinfall in das Innere des Gebäudes ganz erheblich.

32-35 **Façade.**
Les symboles des Evangélistes.

Placés sur la façade dès les temps les plus anciens, les quatre reliefs, tous de très haute qualité malgré les dégâts dus à l'exposition à l'atmosphère, sont attribués à l'atelier de Wiligelmo mais portent peut être aussi des traces de son intervention directe. Comme on le sait, l'ange (**32**) est le symbole de l'évangéliste Mathieu, le lion (**33**) de Marc, l'aigle (**34**) de Jean et le bœuf (**35**) de Luc.

36 **Façade.**
Sanson déchirant la gueule du lion.

Ce relief, lui aussi conçu très probablement pour être placé dans la façade, renferme un sens symbolique, car l'image du héros biblique a toujours été assimilée à celle du Christ. Le message de la plaque s'insère donc dans le programme général de la façade, la promesse du salut.

37 **Façade.**
Le Rédempteur.

Situé au-dessus de la rosace, le haut-relief représentant *Christ sur le trône*, encadré dans une mandorle dominé par une sorte de baldaquin, montre des caractères stylistiques attribuables à un Maestro del Redentore, actif à une époque postérieure aux Campionesi, donc bien au-delà des débuts du XIIIe siècle.

38 **Façade.**
Ange.

Stylistiquement apparenté à la statue du *Rédempteur* placée dessous, l'ange monté sur l'acrotère de la façade, bien que détérioré par les intempéries, peut être lu comme l'archange Michel, vu que l'ange du côté opposé, sur les absides, est certainement *Gabriel*.

39 **La jonction entre la façade et le flanc sud.**

L'image montre surtout le mouvement harmonieux de l'élégante galerie à baies trilobées qui parcourt tout le périmètre de la Cathédrale. Tout aussi remarquable la vue du parement en pierre, réalisé à l'aide de demi-colonnes surmontées de chapiteaux pleins de fantaisie. Dans le fond, un aperçu du Palais Communal avec la Tour de l'Horloge.

40 **Le flanc sud et la Piazza Grande.**

Les ouvrages architecturaux et sculpturaux significatifs, tels que la Porta dei Principi, la Porta

Fassade. Die Evangelistensymbole.

*Seit den antiksten Zeiten in der Fassade angeordnet, gehen die vier Reliefs, die alle trotz der im Laufe der Zeit durch die Witterungseinflüsse davongetragenen Schäden noch eine sehr hohe Qualität aufweisen, auf die Bauschule des Wiligelmus zurück, weisen aber vielleicht doch noch eine Spur seines direkten Eingriffs auf. Wie bekannt ist, ist der Engel (**32**) das Symbol des Evangelisten Matthäus, der Löwe (**33**) von Markus, der Adler (**34**) von Johannes und der Stier (**35**) von Lukas.*

Fassade. **Der löwenzerreißende Samson.**

Auch dieses Relief, das mit sehr hoher Wahrscheinlichkeit dazu bestimmt war, in der Fassade angeordnet zu werden, enthält eine symbolhafte Bedeutung, denn das Bild des biblischen Helden ist immer mit dem von Christus gleichgestellt worden. Die Botschaft der Tafel reiht sich daher in das allgemeine Grundthema der Fassade ein: die versprochene Rettung.

Fassade. **Der Erlöser.**

Über dem Radfenster befindet sich das Hochrelief, das Christus auf dem Thron darstellt und von einer Mandorla umgeben ist, über der sich eine Art Baldachin befindet. Es lässt stilistische Eigenschaften erkennen, die auf einen Maestro des Erlösers zurückzuführen sind, der in einer Zeit nach den Maestri Campionesi tätig war, also weit nach dem Beginn des 13. Jahrhunderts.

Fassade. **Engel.**

Stilistisch der darunter befindlichen Statue des Erlösers *nahestehend, kann der Engel, der auf dem Giebelschmuck der Fassade montiert ist, auch wenn die Zeit ihre Spuren auf ihm zurückgelassen hat, als der Erzengel Michael erkannt werden, weil der Engel auf der gegenüberliegenden Seite, also der Seite mit den Apsiden, gewiss der Erzengel Gabriel ist.*

Die Verbindung zwischen Fassade und Südwand.

Das Bild zeigt vor allem den harmonischen Verlauf der eleganten Blendarkade mit den Triforien, die rings um das ganze Gebäude laufen. Bedeutsam ist auch die Gliederung des Steinapparats, die mit schlanken Halbsäulen erfolgt, auf denen phantasievolle Kapitelle sitzen. Im Hintergrund sieht man das Rathaus mit dem Uhrenturm.

Die Südseite und Piazza Grande.

Wegen der bedeutsamen baulichen und bauplastischen Elemente, wie die Porta dei Principi, die Por-

Regia et la Chaire, font du flanc sud une véritable deuxième façade ouverte sur la principale zone d'agrégation civile et religieuse du centre ville de Modène.

Flanc sud.
La Porta dei Principi
(Porte des Princes).

En contiguïté étroite avec les travaux de la façade, à peu près dans les années 1106-1110, la Porta dei Principi présente un programme iconographique à caractère néo-testamentaire dans lequel on retrouve de précis rappels au Baptême. Autrefois, en effet, celui qui voulait recevoir le sacrement en passant par ici, pouvait accéder directement aux fonts baptismaux. En 1944 la porte fut en partie endommagée par un bombardement.

Flanc sud.
Porta dei Principi. Architrave.
Histoires de san Geminiano.

Un des principaux éléments sculpturaux de la Porta dei Principi est la face avant de l'architrave, où dans six petits tableaux un disciple habile de Wiligelmo a relaté des épisodes de la vie de san Geminiano: le départ à cheval pour l'Orient, le voyage en mer, la guérison de la fille de l'empereur Jovien, l'empereur offre des dons au saint, le retour à Modène, la sépulture du corps du saint en présence de saint Sévère, évêque de Ravenne.

Flanc sud.
Porta dei Principi. Montants.
Détails du sarment habité.

Semblable à celui du Portail principal, un sarment habité, composé de volutes de verdures entrecoupées de figures humaines et d'animaux réels et fantastiques, recouvre entièrement l'extérieur des montants et l'archivolte de la Porta dei Principi, en montrant parfois des figurations inédites associées au thème du travail de l'homme.

Flanc sud.
Porta dei Principi. Montants.
L'apôtre André. L'apôtre Jean.
L'apôtre Barthélémy. Saint Jean-Baptiste.

Comme intégration du message de salut anticipé par les *Prophètes* du Portail principal, l'intérieur des montants de la Porta dei Principi présente, dans des niches analogues, les *Apôtres* et les figures de *Saint Jean Baptiste, Saint Geminiano, Saint Paul* et un diacre.

ta Regia und die Außenkanzel sieht die Südseite des Doms wie eine regelrechte zweite Fassade aus, die den bürgerlichen und religiösen Mittelpunkt des historischen Stadtkerns von Modena überragt.

Südseite. Die Porta dei Principi 41
(Die Fürstenpforte).

Direkt nach den Arbeiten an der Fassade in Angriff genommen, das heißt in den Jahren von 1106 bis 1110, stellt die Porta dei Principi ein ikonographisches Programm dar, das Szenen aus dem Neuen Testament enthält, in denen wichtige Verbindungen zur Taufe enthalten sind. In der Vergangenheit konnte man nämlich, wenn man dieses Sakrament empfangen wollte, durch diese Pforte direkt zum Taufbecken gelangen. Die Pforte wurde im Jahre 1944 durch eine Bombardierung teilweise beschädigt.

Südseite. Die Porta dei Principi. Architrav. 42
Szenen aus dem Leben des heiligen Geminianus.

Eines der wichtigsten bildhauerischen Elemente der Porta dei Principi ist die Vorderseite des Architravs, wo ein geschickter Nachfolger von Wiligelmus in sechs köstlichen Bildern Szenen aus dem Leben des heiligen Geminianus dargestellt hat: der Aufbruch mit dem Pferd in den Osten, die Reise über das Meer, die Heilung der Tochter von Kaiser Jovian, der Kaiser bietet dem Heiligen Geschenke an, die Rückkehr nach Modena, die Beisetzung der sterblichen Überreste des Heiligen im Beisein des heiligen Severus, Bischof von Ravenna.

Südseite. Die Porta dei Principi. Pfosten. 43,
Details aus der belebten Rebranke. 44

Analog zu dem des Hauptportals überdeckt die belebte Rebranke, die sich aus einem Pflanzengewirr zusammensetzt, in dem menschliche Figuren, echte Tiere und unheimliche Fabelwesen stecken, die Außenseite der Torpfosten und die Archivolte der Porta dei Principi vollkommen und zeigt manchmal auch, in einer ganz neue Darstellungsweise, menschliche Wesen bei der Arbeit.

Südseite. Die Porta dei Principi. Pfosten. 45-48
Der Apostel Andreas. Der Apostel Johannes.
Der Apostel Bartholomäus. Johannes der Täufer.

Zur Vervollständigung der Heilsbotschaft, welche die Propheten auf dem Hauptportal schon verkündigt haben, weist die Innenseite der Pfosten der Porta dei Principi in analogen Nischen die Aposteln und die Figuren von Johannes dem Täufer, dem heiligen Geminianus, dem heiligen Paulus und einem Diakon auf.

49-52 **Flanc sud.**
Chapiteaux.

Même sur le flanc sud le répertoire iconographique bizarre des chapiteaux de la façade est proposé à nouveau avec une fantaisie inépuisable. Parmi les sujets les plus singuliers, un protomé monstrueux qui avale les longues queues de deux harpies-sirènes, deux êtres hybrides inspirés aux centaures classiques, une sirène à deux queues et un homme avec une longue veste qui retient deux figures à jambes levées.

Südseite. Kapitelle.

Auch auf der Südseite wird mit einer schier unerschöpflichen Phantasie und einem wunderlichen ikonographischen Repertoire das Thema der Kapitelle von der Fassade wieder aufgenommen. Zu den einzigartigsten Figuren gehört wohl ein monströser Kopf, der die langen Schwänze von zwei sirenenförmigen Harpyien verschlingt, zwei hybride Lebewesen, die sich an den klassischen Zentauren inspirieren, eine Sirene mit zwei Schwänzen und ein Mann mit einem langen Gewand, der beide Figuren mit den Beinen nach oben hält.

53 **Flanc sud.**
La Vérité arrache la langue à la Fraude
et *Jacob lutte avec l'Ange*.

Le relief, placé sur la cinquième arcature à partir de l'ouest, fut gravement endommagé en 1944 par le bombardement qui toucha la *Porta dei Principi*. La double iconographie a récemment été reconduite aux contrastes qui opposèrent la Papauté à l'Empire dans les années de la Querelle des investitures.

Südseite.
Der Aufrichtige reißt der Hinterlist die Zunge heraus *und* Jakob kämpft mit dem Engel.

Das Relief, das sich in fünften Joch von Westen befindet, wurde im Jahre 1944 durch die Bombardierung, welche die Porta dei Principi traf, schwer beschädigt. Die doppelte Ikonographie wurde kürzlich auf den Streit zwischen dem Papst und dem Kaiser während des Investiturstreits zurückgeführt.

54 **Flanc sud.**
La Porta Regia.

L'ouverture de la *Regia di Piazza*, improprement appelée *Porta Regia* ("regia" en effet est un terme latin du Moyen Âge désignant la porte principale d'une église), est datée entre 1209 et 1231, pendant la même campagne de travaux pour le chœur. C'est le portail le plus richement décoré de tout l'édifice et il est surmonté d'une élégante galerie à trois arcades.

Südseite. La Porta Regia.

Die Öffnung der Regia di Piazza, die fälschlicherweise Porta Regia genannt wird ("regia" ist nämlich ein mittelalterlicher lateinischer Begriff, der das Hauptportal einer Kirche bezeichnet), fand zwischen 1209 und 1231 statt, zur gleichen Zeit, als man am Presbyterium arbeitete. Es ist die am reichsten verzierte Pforte des ganzen Gebäudes und über ihr befindet sich eine elegante Zwerggalerie mit drei Blendarkaden.

55, 57 **Flanc sud.**
Porta Regia Tympan.
Le lion de gauche. Le lion de droite.

Le thème général de la porte – le combat du Mal contre l'Homme et de Christ contre le Mal – est souligné aussi par deux lions qui à la base des colonnes saisissent la proie, éléments qui par rapport aux lions stylophores de réemploi du Portail Principal et de la *Porta dei Principi* présentent des volumes d'une grandeur supérieure et un caractère plus architectural que statique.

Südseite. Porta Regia. Vorhalle.
Linker Löwe. Rechter Löwe.

Das Hauptthema der Pforte – der Kampf Satans gegen den Menschen und der Kampf Christi gegen den Teufel – wird auch durch die beiden Löwen unterstrichen, die an der Basis der Säulen ihre Beute mit den Krallen fassen, Elemente, die im Vergleich zu den säulentragenden Löwen aus der Römerzeit vom Hauptportal und der Porta dei Principi Volumen mit mehr Großartigkeit und einen mehr architektonischen als statischen Charakter aufweisen.

56, 58 **Flanc sud.**
Porta Regia
Détails de la décoration des ébrasements.

Bien qu'étant le portail le plus richement décoré de tout l'édifice, la Regia contient moins de sculptures des autres portes, puisque les modules utilisés s'avèrent principalement ornementaux. Les reliefs

Südseite. Porta Regia.
Details aus der Dekoration der Gewände.

Obwohl es die am reichsten dekorierte Pforte des ganzen Gebäudes ist, enthält die Regia weniger Skulpturen als die anderen Portale, weil die verwendeten Module überwiegend ornamentalen Charakter aufweisen. Die Reliefs und die Flachreliefs der Ge-

et les méplats des ébrasements ont toutefois des singularités marquées, où prend forme un répertoire dense de masques et de figurations zoologiques réelles et imaginaires.

Flanc sud.
Giacomo da Ferrara (doc. 1481-1518)
et Paolo di Giacomo (doc. 1483-1527).
Pulpito di piazza (1500-1501).

Soutenu par deux supports gravés d'enroulements et de masques foliés, le balcon extérieur, érigé aux débuts du XVIe siècle par deux lapicides de Ferrare actifs depuis longtemps dans le chantier de la Cathédrale, présente sur la caisse quatre plaques en pierre portant les symboles des Evangélistes dans deux cadres circulaires.

Flanc sud.
Agostino di Antonio di Duccio
(1418 env. - *post* 1481).
Quatre épisodes de la vie de
san Geminiano (1442).

Murée dans la paroi de la dernière arcade, la grande plaque en marbre blanc de Agostino Duccio, signée et datée, illustre quatre épisodes de la vie du patron de Modène: la fille de l'empereur Jovien libérée du démon, les dons de l'empereur pour la guérison de la fille, les obsèques du saint en présence de saint Sévère, et la libération de Modène de Attila, le fléau de Dieu.

Les absides de la Piazza Grande.

Le flanc Est de la Cathédrale est divisé en trois absides surmontées par la galerie continue qui court sur tout le périmètre de l'édifice. Autour de la zone absidiale, un fossé indique que le sol a cédé sous le poids de la Cathédrale et de la tour Ghirlandina.

Absides. Chapiteaux.

Les chapiteaux de l'abside sont remarquables par variété créative et qualité sculpturale; le premier (62) est attribuable à la première phase d'exécution de Lanfranco, tandis que les suivants (63-65) proposent le motif, assez fréquent dans la partie absidiale, des télamons tendus dans leur effort pour soutenir le tailloir. Les deux figures monstrueuses du premier chapiteau côté sud de l'abside centrale (66) sont singulières.

Absides.
Fenêtre de la crypte, inscription

wände zeichnen sich jedoch durch markante Besonderheiten aus, in denen ein reichhaltiges Repertoire von Fratzen und wirklich vorhandenen oder der Phantasie entsprungenen Tieren Form annimmt.

Südseite. Giacomo da Ferrara (dok. 1481-1518) 59
und Paolo di Giacomo (dok. 1483-1527).
Außenkanzel (1500-1501).

Von zwei mit Blattvoluten und Blattmasken verzierten Konsolen getragen, weist die Außenkanzel, die zu Beginn des 16. Jahrhunderts von zwei Steinmetzen angefertigt wurde, die schon lange in der Bauhütte des Doms arbeiteten, auf der Kastenstruktur vier Steintafeln auf, die mit den Symbolen der Evangelisten verziert sind, die eine Einfassung mit kreisförmigem Rahmen aufweisen.

Südseite. Agostino di Antonio di Duccio 60
(1418 ca. -* post *1481). Vier Szenen aus dem
Leben des heiligen Geminianus (1442).

Im letzten Bogen in die Wand eingemauert befindet such die große weiße Marmortafel von Agostino di Duccio, mit Signierung und Datum versehen, auf der vier Szenen aus den Leben des Schutzpatrons der Stadt Modena dargestellt werden: die Tochter von Kaiser Jovian wird vom Teufel befreit, die Geschenke des Kaisers anlässlich der Heilung seiner Tochter, die wundertätigen Exequien des Heiligen im Beisein des heiligen Severus und die Befreiung der Stadt Modena von Attila, Geißel Gottes.

Die Apsiden von Piazza Grande. 61

Die Ostseite des Doms wird durch die drei Apsiden gegliedert, über denen sich die Zwerggalerie mit den Blendarkaden befindet, die rings um das gesamte Gebäude läuft. Ein Graben rings um den Apsisbereich ist das deutliche Anzeichen für den Einbruch des Bodens unter dem Gewicht des Doms und des Glockenturms Ghirlandina.

Apsiden. Kapitelle. 62-66

Bemerkenswert wegen des Ideenreichtums und der Qualität der Bauplastik sind die Kapitelle der Apsis, von denen die erste (62) auf den Beginn der Arbeiten durch Lanfranco zurückzuführen ist, während die folgenden (63-65) das im Apsisbereich recht häufig vorkommende Motiv der Atlanten vorschlagen, die damit beschäftigt sind, den Kämpfer zu tragen. Einzigartig ist das Paar ungeheuerlicher Figuren des ersten Kapitells der Hauptapsis von Süden her (66).

Apsiden. Fenster der Krypta, Inschrift zu Ehren 67
des Baumeisters Lanfranco und antike Maße der

de l'architecte Lanfranco et anciennes mesures de la Commune de Modène.

Une tablette en marbre murée à l'extérieur de l'abside principale par volonté de Bozzalino, administrateur de la Cathédrale entre 1208 et 1225, exalte les louanges de l'architecte Lanfranco et rappelle la fondation de l'édifice. A côté de la fenêtre, les anciennes mesures officielles de la Commune de Modène: brique, perche et tuile.

Kommune Modena.

Eine Marmortafel, die nach dem Willen von Bozzalino, dem Domverwalter zwischen 1208 und 1225 auf der Außenseite der Hauptapsis eingemauert wurde, preist die Arbeit des Baumeisters Lanfranco und erinnert an die Gründung des Gebäudes. Neben dem Fenster kann man die offiziellen antiken Maße der Kommune Modena bewundern: Ziegelstein, Maßstange und Krug.

68 **Abside.**
L'archange Gabriel (XIIIe siècle).

Ayant une affinité stylistique avec la façade, l'archange placé sur le sommet du pseudo-transept qui termine l'abside a un rythme sculptural lent et pondéré, inspiré aux règles d'un classicisme prononcé qui nous invite à le dater dans l'activité tardive des Maestri Campionesi, vers la troisième décennie du XIIIe sicèle.

Apsis. Der Erzengel Gabriel (13. Jhd.).

Stilistisch dem der Fassade gleichend, weist der Erzengel, der auf dem Gipfel des Pseudoquerhauses steht, mit dem die Apsis abgeschlossen wird, einen erhabeneren und würdigeren Rhythmus auf, der sich an den Regeln des markant klassizistischen Stils inspiriert, was uns dazu veranlasst, ihn auf die spätere Tätigkeitsphase der Maestri Campionesi zu datieren, also das dritte Jahrzehnt des 13. Jahrhunderts.

69 **Les absides et le flanc nord.**

La perspective sur la liaison entre l'abside et le flanc nord illustre la fonction volumétrique et spatiale du faux transept érigé par les Maestri Campionesi pour donner plus de majesté à la partie arrière de la Cathédrale. L'insertion des deux tourelles qui encadrent la cuspide centrale sur cette surélévation est particulièrement élégante.

Die Apsiden und die Nordseite.

Die Ansicht vom Anschluss zwischen der Apsis und der Nordseite der Kirche erläutert sehr gut die volumetrische und räumliche Funktion, die dem falschen Querhaus zukommt, das von den Maestri Campionesi errichtet wurde, um dem rückseitigen Abschnitt des Doms mehr Gewicht zu verleihen. Besonders geglückt und elegant ist die Errichtung der beiden Türmchen auf dieser Erhöhung, die den Hauptgiebel umgeben.

70 **L'arc entre la Cathédrale et la tour Ghirlandina.**

En 1338 la Cathédrale et la Ghirlandina furent reliées par deux murs transversaux avec des arcs aigus, à l'intérieur desquels se trouvaient l'ancienne sacristie et le passage vers le campanile. Entièrement démolis entre 1903 et 1905, ils furent reconstruits suivant leurs formes d'origine.

Der Bogen zwischen Dom und Ghirlandina.

Im Jahre 1338 wurden der Dom und die Ghirlandina durch zwei Quermauern mit Spitzbögen verbunden, zwischen denen sich die alte Sakristei und der Durchgang zum Glockenturm befanden. Nachdem sie zwischen 1903 und 1905 ganz abgerissen worden waren, errichtete man sie anschließend wieder mit den ursprünglichen Formen.

71 **Flanc nord.**
La Porta della Pescheria.

La Porta della Pescheria, dont le nom dérive de la présence dans son voisinage de la "poissonnerie" de l'évêque, s'ouvre dans la quatrième arcade à est du flanc nord et elle est surmontée d'une édicule avec un arceau en plein cintre sur colonnes.

Nordseite. Die Porta della Pescheria.

Die Porta della Pescheria, deren Name sich davon ableitet, dass sich in der Nähe das "Fischgeschäft" des Bischofs befand, öffnet sich in der nördlichen Seitenwand im vierten Bogenfeld von Osten und über ihr befindet sich eine Ädikula mit einem auf Säulen stehenden Rundbogen.

72 **Flanc nord.**
La Porta della Pescheria.

Les montants sont décorés avec les allégories des mois et des sarments habités d'animaux réels ou fantastiques, l'architrave avec des motifs zoomorphes fabuleux et l'archivolte illustre plusieurs épi-

Nordseite. Die Porta della Pescheria.

Die Posten der Kirchentür weisen die Allegorien der Monate und pflanzliche Bordüren auf, die von wirklichen Tieren oder Fabelwesen bewohnt sind. Auf dem Architrav erkennt man tierförmige Motive mit Fabelcharakter, während die Archivolte ver-

sodes de la légende d'Arthur centrés sur la libération d'une femme prisonnière dans un château.

Flanc nord.
Porta della Pescheria.
Les mois de *Janvier*, *Février*, *Mars*, *Avril*, *Mai*, *Juin*.

Le motif du travail humain, déjà traité avec emphase dans le cycle de la Genèse sur la façade, revient avec des accents de réalisme franc dans les représentations allégoriques des douze mois historiés à l'intérieur des montants.

Flanc nord.
Porta della Pescheria.
Les mois de *Juillet*, *Août*, *Septembre*, *Octobre*, *Novembre*, *Décembre*.

Tout le cycle des Mois illustre des motifs et des métiers appartenant au monde rural, en montrant plusieurs personnages dont la caractérisation physionomique trahit la conscience d'une certaine stratification sociale. Chaque représentation porte le nom du mois correspondant sous une forme abrégée.

Flanc nord.
Porta della Pescheria.
Architrave et archivolte.

Dans l'architrave le thème des animaux réels et fantastiques est associé à des motifs d'origine classique ou de fable, parmi lesquels la célèbre fable du loup et de la grue à l'extrême droite. L'ample voussure de l'archivolte est elle aussi bien dégagée et vivace, dans laquelle le noble thème chevaleresque du cycle breton décrit une chevauchée joyeuse et intrépide.

L'intérieur côté ouest.

L'aspect monumental de l'extérieur trouve sa contrepartie dans le projet de l'intérieur élaboré par Lanfranco, une atmosphère de recueillement sobre et austère, rendu plus chaude par l'utilisation pratiquement uniforme de la brique et par les effets de lumière qui filtrent à travers les fenêtres et les vitraux polychromes de la grande rosace.

Intérieur.
Le vaisseau central et la contre-façade à la sortie de la crypte.

Un court escalier, surmonté d'élégantes colonnettes qui soutiennent le jubé, introduit dans la

schiedene Szenen aus der Legende von König Artur darstellt, in deren Mittelpunkt die Befreiung einer Dame steht, die man in einem Schloss gefangen hielt.

Nordseite. Die Porta della Pescheria. 73-78
***Die Monate* Januar, Februar, März, April, Mai, Juni.**

Das Motiv der menschlichen Arbeit, das schon ausführlich im Zyklus der Genesis behandelt wurde, der auf der Fassade zu sehen ist, kehrt hier mit Akzenten eines prägnanten Realismus zurück, wo allegorische Figuren der zwölf Monate auf der Innenseite der Torpfosten reich verziert dargestellt sind.

Nordseite. 79-84
Die Porta della Pescheria.
***Die Monate* Juli, August, September, Oktober, November, Dezember.**

Der gesamte Zyklus der Monate illustriert Motive und Berufe, die mit der Bauernwelt verbunden sind. Bei der Darstellung der verschiedenen Personen kann man schon die gesellschaftliche Schichtung in Stände erahnen. Jede Darstellung enthält in abgekürzter Form den Namen des Monats, der ihr entspricht.

Nordseite. Die Porta della Pescheria. 85
Architrav und Archivolte.

Im Architrav ist das Thema der wirklichen und der Phantasie entsprungenen Tiere mit Motiven klassischer Herkunft oder Fabelthemen verbunden, unter denen die berühmte Fabel vom Wolf und dem Kranich ganz rechts zu sehen ist. Locker und lebhaft läuft das Geschehen auch in der weiten Kurve der Archivolte ab, wo das edle Ritterthema des bretonischen Zyklus in Form einer lustigen und übermütigen Kavalkade behandelt wird.

Der Innenraum, von Westen gesehen. 86

Dem monumentalen Aussehen des Doms von außen entspricht im Projekt des von Lanfranco bearbeiteten Innenraums eine Atmosphäre strenger und würdevoller Sammlung, die durch die fast einheitliche Benutzung von Backstein und die Auswirkungen des Lichtes, das durch die Seitenfenster und das polychrome Glas des Radfensters einstrahlt, noch wärmer und eindrucksvoller gestaltet wird.

Innenraum. Das Mittelschiff und die 87
Gegenfassade vom Ausgang der Krypta.

Eine kurze Treppe, auf der elegante Säulen stehen, welche den Lettner tragen, führt in die Krypta hinab, wo ein großer dreischiffiger Raum, der durch

crypte, où une vaste pièce à trois nefs, rythmée par des colonnes à chapiteaux fantaisies, accueille un ancien sarcophage avec les dépouilles de san Geminiano, évêque et patron de la ville.

88-90 **Intérieur. Nef côté nord.**
Michele di Niccolò Dini, appelé Michele dello Scalcagna ou Michele da Firenze (actif 1403-1443 env.).
Polyptyque appelé *Altare delle Statuine* - Autel des statuettes (1440-1441), et détails: *Vierge à l'Enfant* (89); *La Crucifixion* (90).

Placé dans la chapelle de sainte Catherine, le magnifique retable en terre cuite à cinq compartiments, en forme de polyptyque gothique, a deux registres principaux avec des figures dans des niches, une prédelle avec les *Histoires de la vie du Christ* et un couronnement élancé hérissé de flèches.

91 **Intérieur. Nef côté nord.**
Dosso Dossi (1486?-1542).
Vierge à l'enfant et saints
(Retable de saint Sébastien) (1518-1521).

La table, l'une des plus hautes réalisations de Dossi dans le cadre de la production sacrée, montre des consonances marquées avec l'art du Titien, le grand maître de Cador dont les manières, aux débuts des années vingt, se développent dans un climat de connaissances culturelles communes au peintre de Ferrare.

92 **Intérieur.**
Nef côté nord.
Gianantonio da Mantova et Simone da Rodigo (doc. 1541), sur dessin de Giulio Romano.
Monument funéraire de Claudio Rangoni (1542 env.).

Le monument, anciennement dans l'église modenaise de San Biagio, fut mis à son emplacement actuel en 1807. Le défunt, membre d'une familles noble de la ville, fut un valeureux condottiere au service des vénitiens et ensuite du roi de France François 1er. Il mourut en 1528 à 28 ans seulement.

93 **Intérieur.**
Présbyterium.
Agostino di Duccio (1418 env. - *post* 1481).
***San Geminiano sauve un enfant* (1442 env.).**

La statue en marbre blanc, placée à l'origine à l'extérieur de la Cathédrale, à proximité du campanile, gravement mutilée à la base, fut transférée à l'intérieur en 1897. D'après la légende, elle montre

Säulen mit phantasievollen Kapitellen gegliedert wird, den antiken Sarkophag mit den sterblichen Überresten des heiligen Geminianus, Bischof und Schutzpatron der Stadt, aufnimmt.

Innenraum. Nördliches Seitenschiff.
Michele di Niccolò Dini, genannt Michele dello Scalcagna oder Michele da Firenze (aktiv 1403-1443 c.).
Polyptychon,* Altar der Statuen *genannt (1440-1441), und Details:* Die Muttergottes mit dem Kind *(89);* Die Kreuzigung *(90).

In der Kapelle der heiligen Katharina stehend, weist der großartige fünfgliedrige Altaraufsatz aus Terrakotta und mit der Form eines gotischen Polyptychons zwei Hauptregister mit in Nischen stehenden Figuren auf, eine Predella mit Szenen aus dem Leben Christi und eine schwungvolle Fialenkrönung.

Innenraum. Nördliches Seitenschiff.
Dosso Dossi (1486?-1542).
Die Muttergottes mit dem Kind und Heilige
(Altarbild des heiligen Sebastian) (1518-1521).

Die Tafel, eine der höchsten Realisationen des Dossi im Rahmen seiner sakralen Gemälde, weist deutliche Übereinstimmungen mit der Kunst Tizians auf, dem großen Meister aus Cadore, dessen Stil zu Beginn der zwanziger Jahre sich innerhalb eines Klimas entwickelte, das die gleichen kulturellen Bezugspunkte wie der Maler aus Ferrara hatte.

Innenraum. Nördliches Seitenschiff.
Gianantonio da Mantua und Simone da Rodigo (dok. 1541), nach einer Zeichnung von Giulio Romano. Grabmal von Claudio Rangoni (1542 ca.).

Das Grabmal, das sich ursprünglich in der Kirche San Biagio von Modena befand, wurde im Jahre 1807 an dieser Stelle aufgestellt. Der Verstorbene, das Mitglied einer adeligen Familie der Stadt, war ein tapferer Feldherr im Dienste der Venezianer und dann des französischen Königs François I. Er starb nur 28-jährig im Jahre 1528.

Innenraum. Presbyterium.
Agostino di Duccio (1418 ca. -* post *1481).
Der heilige Geminianus rettet einen Knaben
(1442 ca.).

Ursprünglich außerhalb des Doms, in der Nähe des Glockenturms platziert, wurde die am Sockel schwer beschädigte Statue aus weißem Marmor im Jahre 1897 in der Kirche aufgestellt. Nach der Le-

le saint en train de retenir miraculeusement par les cheveux l'enfant tombé de la Ghirlandina, en le sauvant d'une mort certaine.

Intérieur. Présbyterium.
Cristoforo Canozi, dit da Lendinara
(doc. 1449-1490).
***Les Evangélistes Marc, Jean, Mathieu et Luc*, marqueteries en bois (1477).**

Les quatre panneaux marquetés, accrochés à la paroi gauche du choeur, sont considérés des chef-d'oeuvre absolu de Cristoforo da Lendinara, marqueteur émilien doté d'une technique raffinée et d'une exceptionnelle capacité de traitement physionomique des figures.

Intérieur. Abside nord.
Serafino de' Serafini (doc. 1349-1393).
Polyptyque avec *Le Couronnement de la Vierge, la Crucifixion et saints* (1385) sur plaque avec la croix et animaux face à face (IXe s.).

Unique preuve signée et datée de l'artiste, l'oeuvre est l'un des fruits les plus murs et éloquents, non seulement de la carrière de Serafino mais aussi de la culture figurative émilienne des dernières décennies du Quatorzième siècle, dans laquelle le maître introduit une note de sérieux pondéré prise à la peinture de Padoue.

Intérieur. Présbyterium.
Sculpteur de la deuxième moitié du XIIIe siècle.
***Crucifix* (1270-1300).**

Mis dans l'emplacement actuel en 1920, pour affermir la recomposition du jubé, le *Crucifix*, plus grand que nature (198 × 190 cm), était placé à partir du XVIIe siècle dans le bas-côté gauche, sur l'autel à juste titre appelé «du Crucifix». Des vertus thaumaturgiques et miraculeuses étaient attribuées à la statue, pénétrée d'une expressivité intense et touchante.

Intérieur.
Abside principale.
Cristoforo (doc. 1449-1490) et Lorenzo (doc. 1449-1477) Canozi, dits da Lendinara.
Choeur en bois sculpté (1461-1465).

Illustres représentants d'une entière dynastie de marqueteurs, les deux frères font montre de leur dons les plus particuliers dans les stalles du choeur: merveilleuse habilité de composition, usage adroit dans la fonction chromatique des essences les plus

gende zeigt sie den Heiligen in dem Augenblick, in dem er einen Knaben, der von der Ghirlandina fällt, an den Haaren zieht und ihm damit das Leben rettet.

Innenraum. Presbyterium. 94-97
Cristoforo Canozi, genannt von Lendinara
(dok. 1449-1490).
Die Evangelisten Markus, Johannes, Matthäus und Lukas, *Einlegearbeiten aus Holz (1477).*

Vier Holztafeln mit Einlegarbeiten, die an der linken Wand des Presbyteriums hängen, sind als das absolute Meisterwerk von Cristoforo aus Lendinara, emilianischer Intarseur, zu betrachten, der über eine raffinierte Technik und eine außerordentliche Fähigkeit zur Wiedergabe der Physiognomie verfügte.

Innenraum. Nordapsis.
Serafino de' Serafini (dok. 1349-1393). 98 a,
Polyptychon mit* Die Krönung der Jungfrau, Die Kreuzigung und Heilige *(1385) auf Tafel mit dem Kreuz und gegenüber stehenden Tieren (9. Jhd.). b

Als das einzige von dem Künstler signierte und datierte Werk ist es eines der reifsten und vielsagendsten Werke, nicht nur in der Karriere von Serafino, sondern der ganzen emilianischen Darstellungskunst der letzten Jahrzehnte des 14. Jahrhunderts, in der wir eine wohl abgewogene Note der Strenge des Meisters finden, die wahrscheinlich der Malerei der Poebene entliehen ist.

Innenraum. Presbyterium. 99
Bildhauer der zweiten Hälfte des 13. Jahrhunderts.
Kruzifix *(1270-1300).*

1920 zur Bekräftigung des Wiederaufbaus des Lettners an seiner jetzigen Stelle aufgestellt, befand sich das Kruzifix, größer als in der Natur (198 × 190 cm), vom 17. Jahrhundert an im linken Seitenschiff, auf dem Altar, der Altar "des Kruzifixes" genannt wurde. Der Statue, die eine intensive und ergreifende Ausdruckskraft hat, sagte man wundertätige Kräfte nach.

Innenraum. Hauptapsis. 100
Cristoforo (dok. 1449-1490) und Lorenzo (dok. 1449-1477) Canozi, genannt da Lendinara.
Holzchor mit Einlegearbeiten (1461-1465).

Als hervorragende Mitglieder einer ganzen Dynastie von Intarseuren stellten die beiden Brüder in den Chorgestühlen ihre bemerkenswerten Fähigkeiten zu Tage: wunderbare Fähigkeit zur Komposition, ein meisterhafter Gebrauch der unterschiedlichen Hölzer in chromatischer Funktion und außergewöhnli-

variées et dons de perspectives exceptionnelles, puisée dans les recherches de Piero della Francesca.

che perspektivische Anschauungsgabe, wohl den Studien des Piero della Francesca abgesehen.

101 **Intérieur. Nef côté sud. La quatrième travée côté ouest avec la Porta Regia.**

Dans la paroi de la quatrième travée côté ouest, dans laquelle s'ouvre le montant intérieur de la Porta Regia, sont murées plusieurs inscriptions et sont visibles divers fragments de fresques: un grand *Saint Christophe* de 1240 env.; un fragment de l'Ecole de Pistoia, de 1325 env., avec *Saint chevalier et sainte Marie Madeleine*, et un *Sain Jacques le Majeur* à figure entière sous forme de pèlerin, de la moitié du XIVe siècle.

Innenraum. Südliches Seitenschiff. Das vierte Joch von Westen mit der Porta Regia.

In der Wand des vierten westlichen Jochs, in der sich der Innenpfosten der Porta Regia öffnet, sind verschiedene Inschriften eingemauert und man erkennt verschiedene Freskenfragmente: ein großer heiliger Christopherus aus dem Jahre 1240 ca.; ein Fragment von der Schule aus Pistoia, um 1325, mit dem heiligen Ritter und der heiligen Maria Magdalena; und ein heiliger Jakobus der Ältere in ganzer Figur und als Pilger dargestellt, aus der Mitte des 14. Jahrhunderts.

102 **Intérieur. Nef côté sud. Bartolomeo Spani (1468-1539). Monument funéraire de Francesco Maria Molza (1516).**

Le monument, qui porte une plaque dédicatoire de la femme du poète, Catherine, est l'oeuvre d'un sculpteur formé à Reggio Emilia et à Rome dans un climat fourmillant de ferments humanistes vivaces. Dans la succession sobre de marbre polychromes, Spani montre des emprunts de modèles sculpturaux toscans et romains, tandis que la mince recherche physionomique du visage du défunt est d'une claire ascendance padane.

Innenraum. Südliches Seitenschiff. Bartolomeo Spani (1468-1539). Grabmal von Francesco Maria Molza (1516).

Ein Denkmal, das eine Inschrift der Gattin des Poeten, Katharina trägt, ist das Werk eines Bildhauers, der in Reggio Emilia und in Rom in einem Klima wuchs, das reich an humanistischen Fermenten war. In der schlichten Abstufung polychromer Marmorsorten zeigt der Künstler Spani Eindrücke der toskanischen und römischen Bildhauerkunst, während das zarte physiognomische Bild vom Antlitz des Verstorbenen sich eindeutig von der Herkunft aus der Poebene ableitet.

103-106 **Intérieur. Nef côté sud. Antonio Begarelli (1499 env.-1565). *Crèche*, terre cuite (1527).**

Commissionné par le Réfectoire Commun des prêtres pour leur propre autel dédié à saint Sébastien, l'ensemble était placé à l'origine sous le retable de Dosso Dossi et était recouvert d'une peinture blanche à frises dorées, enlevée pendant la restauration de 1976. Entre le XVe et le XVIe siècle, le modeleur Antonio Begarelli fût, avec Guido Mazzoni, le représentant le plus illustre de la sculpture de Modène.

Innenraum. Südliches Seitenschiff. Antonio Begarelli (1499 ca.-1565).* Krippe, *Terrakotta (1527).

Durch das kommunale Refektorium der Priester für den eigenen, dem heiligen Sebastian gewidmeten Altar in Auftrag gegeben, stand die Figurengruppe ursprünglich unter dem Altarbild von Dosso Dossi und wies einen weißen Anstrich mit vergoldetem Fries auf, der während der Restauration von 1976 entfernt wurde. Zwischen dem 15. und 16. Jahrhundert war der Künstler Antonio Begarelli zusammen mit Guido Mazzoni der wichtigste Vertreter der Bildhauerkunst von Modena.

107, 108 **Intérieur. Nef côté sud. Cristoforo Canozi dit da Lendinara (doc. 1449-1490), attr. Fresques de la Chapelle Bellincini (1472 env.-1476). *Vierge à l'enfant.***

Cristoforo Canozzi, marqueteur de grande qualité, fut aussi un peintre excellent, doté d'une mesure monumentale sobre empruntée directement,

***Innenraum. Südliches Seitenschiff. Cristoforo Canozi, genannt da Lendinara (dok. 1449-1490), zugeschrieben Fresken der Bellincini-Kapelle (1472 ca.-1476).* Die Jungfrau mit dem Kind.**

Cristoforo Canozi war nicht nur ein begabter Holzschnitzer, sondern auch ein ausgezeichneter Maler, der mit einer schlichten monumentalen Größe ausgestattet war, die er auch bei den Holzeinlegear-

même dans les marqueteries en bois, à l'art de Piero della Francesca. Découverts pas hasard seulement en 1822, les fresques de la Chapelle Bellincini montrent des tangences significatives avec la faible production pouvant être attribuée au maître multiforme de Lendinara.

Intérieur. La contre-façade.

Même sur la contre-façade, en plus des dalles commémoratives de notables et hommes illustres, plusieurs monuments funèbres se distinguent, comme le sarcophage de Iacopo Altemps, celui du condottiere Giovan Battista Molza et l'arche en marbre qui renferme les dépouilles de l'évêque Giovan Battista Ferrari.

Intérieur.
Contre-façade.
La rosace des Maestri Campionesi.

La luminosité chaude et diffuse de l'intérieur est en grand partie due à l'effet de la grande rosace romane, divisée en vingt quatre lancettes par d'élégantes petites colonnes. Quatre de celles-ci, réalisées dans la première moitié du XVe siècle par Giovanni di Pietro Falloppi, dit de Modène, présentent les figures de *Dieu le père*, *San Geminiano*, l'*Ange de l'annonciation* et la *Vierge de l'Annonciation*.

Intérieur.
Vaisseau central.
Enrico da Campione (1322) et modeleurs des XVe et XVIIe siècles.
Chaire.

Compromise par plusieurs manipulations, la chaire présente onze petites statues en terre cuite des XVe et XVIIe siècles représentant la *Vierge a l'Enfant*, le *Rédempteur et neuf saints*. Sur le pilastre de dessous, une fresque du dix-neuvième siècle avec la *Vierge donnant du lait*, sur celui du dessus une *Vierge à l'Enfant* de Tommaso da Modena (1340-1349 env.), et à l'extérieur de l'escalier deux fresques du début du XVe siècle avec des épisodes de la vie de saint Ignace, évêque d'Antioche.

Intérieur.
Vaisseau central.
Le jubé des Maestri Campionesi et le choeur.

L'aménagement actuel de la zone du choeur, au fond du vaisseau central, est le fruit d'une intervention complexe de restauration et de recomposition réalisée aux débuts du XXe siècle A la place de la grille en fer installée à la fin du XVIe siècle en hom-

beiten direkt der Kunst von Piero della Francesca abgesehen hatte. Die Fresken der Bellincini-Kapelle, die erst im Jahre 1822 durch Zufall entdeckt wurden, weisen bedeutsame Berührungspunkte mit den wenigen anderen Werken des vielfältigen Künstlers aus Lendinara auf.

Innenraum. Die Gegenfassade. 109

Auch auf der Gegenfassade erkennt man neben den Gedenksteinen von Mitgliedern adeligen Familien und berühmter Persönlichkeiten verschiedene Grabmäler, wie der Sarkophag von Iacopo Altemps, der des Kondottiere Giovan Battista Molza und die Marmorarche mit den sterblichen Überresten des Bischofs Giovan Battista Ferrari.

Innenraum. Gegenfassade. 110
Das Radfenster der Maestri Campionesi.

Das warme und weiche Licht, das in das Kircheninnere einfällt, verdanken wir zum großen Teil dem großen romanischen Radfenster, das durch elegante Säulen in vierundzwanzig Teilfenster gegliedert wird. Vier von diesen, die in der ersten Hälfte des 15. Jahrhunderts von Giovanni di Pietro Falloppi, genannt von Modena angefertigt wurden, weisen Abbildungen von Gottvater, *dem* Heiligen Geminianus, *dem* Verkündenden Engel *und der* Jungfrau der Verkündigung *auf.*

Innenraum. Mittelschiff. 111
Enrico da Campione (1322) und Künstler aus dem 15. und 17. Jahrhundert. Kanzel.

Als Kompromiss verschiedener Eingriffe weist die Kanzel elf Terrakotta-Statuen aus dem 15. und 17. Jahrhundert auf, in denen die Muttergottes mit dem Kind, *der* Erlöser und neun Heilige *dargestellt werden. Auf der Säule darunter ein Fresko aus dem 19. Jahrhundert mit der* Stillenden Muttergottes, *auf der darüber eine* Muttergottes mit dem Kind *von Tommaso da Modena (1340-1349 ca.) und auf der Außenseite der Treppe zwei Fresken vom Anfang des 15. Jahrhunderts, in denen Szenen aus dem Leben des heiligen Ignatius, Bischof von Antiochia dargestellt sind.*

Innenraum. Mittelschiff. Der Lettner der Maestri 112
Campionesi und das Presbyterium.

Das augenblickliche Aussehen des Presbyteriumsbereichs am Ende des Mittelschiffs ist das Ergebnis eines komplexen Eingriffs zur Restaurierung und Neustrukturierung, der zu Beginn des 20. Jahrhunderts ausgeführt wurde. Anstelle des Eisengitters, das am Ende des 16. Jahrhunderts im Zei-

mage à la religiosité post-Trente, les diverses plaques de l'ambon et du jubé des Maestri Campionesi furent réunies et replacées au-dessus de l'entrée de la crypte.

113-119 **Intérieur.**
Vaisseau central.
Chapiteaux.

Même à l'intérieur de la Cathédrale, comme le long du périmètre extérieur, les colonnes qui séparent le vaisseau central des bas-côtés ont sur leur partie haute une grande variété de décorations naturalistes, mythiques et fantastiques, traitées avec une veine créative inépuisable. Masques, monstres, feuillage, figures inspirées aux bestiaires moyenâgeux se succèdent une arcade après l'autre avec des effets d'une expressivité surprenante et un contraste plastique exceptionnel.

120 **Intérieur.**
Vaisseau central.
L'ambon et le jubé des Maestri Campionesi.

L'enceinte presbytérale donnant sur le vaisseau central, plus connue comme "jubé", est formée de deux parties bien distinctes: le "jubé" proprement dit, installé avant la consécration de 1184 et composé de cinq panneaux illustrant des épisodes de la Passion de Christ, et l'ambon à sa gauche, dont les six plaques, probablement ajoutées autour de 1208-1225, complètent le message évangélique du jubé.

121 **Intérieur. Jubé.**
Chapiteau avec *Histoires de Daniel et d'Habacuc*.

Il existe un certain lien iconographique entre les *Histoires de la Passion de Christ* illustrées dans les plaques du jubé et les épisodes représentés dans les chapiteaux du niveau inférieur. Dans ce cas, l'image d'Habacuc chargé de vivres fait probablement allusion au repas eucharistique.

122 **Intérieur.**
Jubé.
Chapiteau avec *Histoires de saint Laurent*.

La scène du martyre de saint Laurent, concise et essentielle dans son agencement élémentaire, repropose les clés stylistiques des Maestri Campionesi, même si les formes plus grossières et lourdes donnent à penser à une main différente par rapport à celle du Maître de la Passion qui la surmonte.

chen der posttridentinischen Religiosität installiert worden war, wurden die verschiedenen Tafeln des Ambos und des Lettners der Maestri Campionesi wieder über dem Eingang zur Krypta angeordnet und miteinander verbunden.

Innenraum. Mittelschiff.
Kapitelle.

Auch innerhalb des Doms weisen die Säulen, die wie auf den Außenwänden das Mittelschiff von den Seitenschiffen teilen, am oberen Ende eine große Vielfalt von Motiven aus der Natur, der Mythen- und Sagenwelt auf, die einer nicht enden wollenden schöpferischen Ader entstammen. Fratzen, Ungeheuer, Laub, Figuren, die einem mittelalterlichen Besterium entsprungen zu sein scheinen, folgen Bogen um Bogen aufeinander, um mit ihrer Ausdruckskraft und ihren außerordentlichen plastischen Effekten zu überraschen.

Innenraum. Mittelschiff. Der Ambo und der Lettner der Maestri Campionesi.

Die Abtrennung des Presbyteriums, die in das Mittelschiff ragt und als "Lettner" bekannt ist, besteht aus zwei deutlich getrennten Teilen: der eigentliche "Lettner", der vor der Einweihung des Doms im Jahre 1184 errichtet wurde und sich aus fünf Tafeln zusammensetzt, in denen Szenen aus der Passion Christi *dargestellt werden; und links davon der Ambo, dessen sechs Tafeln, die wahrscheinlich in der Zeit um 1208-1225 hinzugefügt wurden, die Heilsbotschaft des Lettners integrieren.*

***Innenraum. Lettner. Kapitell mit* Szenen aus dem Leben von Daniel und Habakuk.**

Zwischen den Szenen aus der Passion Christi, *die auf den Tafeln des Lettners dargestellt sind, und den Episoden, die auf den Kapitellen der unteren Ebene zu sehen sind, besteht eine gewisse ikonographische Verwandtschaft. In diesem Fall deutet das Bild von Habakuk, der mit Lebensmitteln beladen ist, wahrscheinlich auf das eucharistische Mahl hin.*

Innenraum. Lettner.
***Kapitell mit* Szenen aus dem Leben des heiligen Lorenz.**

Die Szene aus dem Martyrium des heiligen Lorenz, die in ihrer elementaren Klarheit synthetisch und wirklichkeitsgetreu dargestellt ist, entspricht erneut dem Stil der Maestri Campionesi, auch wenn die weniger feinen und schweren Formen an eine andere Hand als die des Maestro der darüber befindlichen Passion denken lassen.

Intérieur.
Partie frontale de l'accès à la crypte.
Support avec *Acrobate* et *Sanson déchirant la gueule du lion*.

Les quatre supports qui soutiennent le jubé, par leur vigueur d'exécution et le contraste plastique concis, peuvent être attribués à la même main des chapiteaux. Le motif de l'acrobate rappelle une représentation similaire des métopes, alors que *Sanson*, assimilable au Christ, renvoie à une des plaques murées dans le parement de la façade (36).

***Innenraum. Frontseite mit dem Zugang zur Krypta. Konsole mit* Akrobat *und dem* Löwenzerreißenden Samson.** 123

Der Ausführungskraft und der rauen plastischen Darstellungsart nach sind die vier Tafeln, die den Lettner tragen, der gleichen Hand der Kapitelle zuzuschreiben. Das Motiv des Akrobaten erinnert an eine analoge Darstellung der Metopen, während Samson, der Christus gleichgestellt wird, auf eine der Tafeln verweist, die in der Fassade eingemauert ist (36).

Intérieur.
Ambon.
***Saint Jérôme et Saint Ambroise* (124);**
***Saint Augustin et Saint Grégoire* (125);**
Les symboles de saint Marc et de saint Mathieu (126); *Christ en majesté* (127).

Les deux premières plaques de gauche de l'ambon, sculptées dans du marbre grec, montrent les quatre Docteurs de l'Eglise en train d'écrire sur inspiration d'un ange ou d'une colombe, symbole de l'Esprit Saint. Il y a ensuite deux symboles des Evangélistes aux volumes solides et imposants, et la figure hiératique de *Christ en majesté*. La séquence se termine par l'épisode de la prière dans le Gethsémani, clairement en rapport avec les scènes préexistantes du jubé.

Innenraum. Ambo. 124-127
Die Heiligen Hieronymus und Ambrosius *(124);*
Augustinus und Gregor *(125); die Symbole des heiligen Markus und des heiligen Matthäus (126);*
Christus in der Herrlichkeit *(127)*.

Die ersten beiden Tafeln des Ambos auf der linken Seite, die im griechischen Marmor eingehauen sind, zeigen die vier Doktoren der Kirche, während sie unter der Inspiration eines Engels oder einer Taube als Symbol des Heiligen Geistes schreiben. Es folgen zwei Symbole der Evangelisten mit festen und bedeutenden Volumen und die feierliche Figur von Christus in der Herrlichkeit. *Die Sequenz wird durch eine Episode des Gebets von Getsemani abgeschlossen, die deutlich mit den vorherigen Szenen des Lettners in Beziehung steht.*

Intérieur. Ambon.
Les symboles de saint Luc et de saint Jean (128); *Jesus réveille saint Pierre* (129).

Même les deux dernières plaques de l'ambon sont caractérisées par un solide constrate plastique. Les deux représentations symboliques des Evangélistes sont solides et puissantes; dans le panneau conclusif, clairement en relation avec les scènes adjacentes du jubé, l'exubérante richesse des drapés qui enveloppent les figures de Christ et de l'Apôtre se détache nettement.

***Innenraum. Ambo. Die Symbole der Heiligen Lukas und Johannes (128);* Jesus, der den heiligen Petrus erweckt *(129)*.** 128, 129

Auch die beiden letzten Tafeln des Ambos zeichnen sich durch ein robustes plastisches Gepräge aus. Fest und kräftig sind die beiden Darstellungen der Evangelistensymbole, während die Abschlusstafel, die deutlich mit den Szenen daneben auf dem Lettner in Verbindung steht, durch den üppigen Reichtum des Faltenwurfs überzeugen, der die Figuren Christi und des Apostels umhüllt.

Intérieur. Jubé.
***Le lavement des pieds* (130); *Simon le Cyrénéen* (131); *Christ devant Pilate* et *Flagellation* (132); *Arrestation de Christ, Baiser de Judas* et *Pierre coupe l'oreille a Malchus* (133).**

Les quatre panneaux avec des scènes de la Passion de Christ, placés sur les côtés de la longue plaque illustrant la *Dernière cène* (134), témoignent des dons d'expressivité inaccessible et sévère de l'auteur inconnu du jubé modenais. L'effet de concentration chronologique avec lequel ce sculpteur,

Innenraum. Lettner. 130-133
Die Fußwäsche *(130);* Simon, der Kyrene *(131);*
Christus vor Pilatus und die Geißelung *(132);*
Die Gefangennahme Christi, Der Judaskuss und Petrus, der Malchus das Ohr abschlägt *(133)*.

Die vier Tafeln mit Szenen aus der Passion Christi, die seitlich von der langen Tafel mit dem Letzten Abendmahl *(134) angeordnet sind, bezeugen das Talent der geschlossenen und strengen Ausdruckskraft des unbekannten Autors des Lettners aus dem Dom von Modena. Besonders beeindruckend ist der chronologische Verdichtungseffekt, mit dem dieser Stein-*

connu sous le nom de Maître de la Passion de Christ, renferme dans un unique panneau, dans la troisième et quatrième plaque, différents moments du récit évangélique est tout particulièrement suggestif.

134 **Intérieur.**
Jubé.
La Dernière Cène.

Dans le cadre du cycle du jubé, l'oeuvre d'un unique sculpteur de Campione communément indiqué comme Maître de la Passion de Christ, cette plaque, plus large que les autres, aligne de manière uniforme et symétrique les douze Apôtres aux côtés de l'imposante figure de Christ, lequel présente le pain à Judas pendant que Jean pose sa tête sur sa poitrine.

135 **Intérieur.**
Crypte.
L'abside centrale et le tombeau
de san Geminiano vus de sud-ouest.

Revêtus d'habits épiscopaux, les dépouilles de san Geminiano, patron de la ville, reposent au centre de la crypte dans une urne simple du IVe siècle, recouverte d'une dalle en pierre et reposant sur des colonnes. Le sarcophage, conservé dans une châsse en verre, est ouvert tous les ans à l'occasion de la fête patronale (31 janvier), et les reliques sont exposées à la dévotion des fidèles.

136, 137 **Intérieur.**
Crypte.
Guido Mazzoni (1450 env.-1518).
***Vierge à l'enfant, saint Joseph* (?),**
sainte Anne* (?) *et une servante* (*Madone
***de la bouillie*) (1480-1485 env.), et détail.**

Réalisé pour le compte de la famille Porrini, le célèbre ensemble plastique illustre avec un réalisme touchant et des dimensions identiques au thème de la Conversation Sacré, en regroupant autour de la sainte famille, les saints Joseph d'Arimathé et Anne (peut-être effigie des donateurs), et une servante maladroite en train de tendre un bol de bouillie au petit Jésus.

metz, der als Maestro della Passione di Cristo bekannt ist, in einem einzigen Paneel, in der dritten und vierten Tafel, unterschiedliche Momente der Erzählung aus dem Neuen Testament zusammenfasst.

Innenraum. Lettner.
Das letzte Abendmahl.

Im Rahmen des Erzählzyklus des Lettners, der Werk eines einzigen Steinmetzes aus Campione ist, üblicherweise als Maestro della Passione di Cristo bezeichnet, sind auf dieser Tafel, die breiter als die anderen ist, nebeneinander und symmetrisch die zwölf Apostel an der Seite einer imposanten Christusfigur dargestellt, die Judas ein Stück Brot hinhält, während Johannes das Haupt gegen seine Brust senkt.

Innenraum. Krypta.
Die Hauptapsis und das Grabmal des heiligen
Geminianus, von Südwesten gesehen.

In seine bischöflichen Gewänder gekleidet, ruhen die sterblichen Überreste des heiligen Geminianus, Schutzpatron der Stadt, in der Mitte der Krypta in einer einfachen Urne aus dem 4. Jahrhundert, die mit einer Steinplatte zugedeckt ist und auf bloßen Säulen ruht. Der in einer Glastheke aufbewahrte Sarkophag wird jedes Jahr zum Fest des Schutzpatrons (31. Januar) geöffnet, um seine Reliquien zur Andacht der Gläubigen auszustellen.

Innenraum. Krypta. Guido Mazzoni
***(1450 ca.-1518).* Die Jungfrau mit dem Kind,**
der heilige Josef *(?)*, die heilige Anna *(?)* und
eine Dienstmagd (Madonna della pappa)
(1480-1485 ca.), und Detail.

Im Auftrag der Familie Porrini angefertigt, entwickelt die berühmte Plastikgruppe mit einem rührenden Realismus und Dimensionen, die genau der Realität entsprechen, das Thema der heiligen Konversation, wo rings um die Heilige Familie die Heiligen Josef von Arimathea und Anna (vielleicht das Abbild der Spender) und eine ungeschickte Dienstmagd angeordnet sind, die dem Gotteskind eine Schale Brei reicht.

Bibliographie essentielle

Wichtigste Bibliographie

Maria Grazia Orlandini, Carlo Ceccarelli, *La Torre di Modena "La Ghirlandina"*, Modena 1965.

Roberto Salvini, *Il Duomo di Modena e il Romanico nel modenese*, Modena 1966.

Aa.Vv., *Modena, vicende e protagonisti*, Modena 1973.

Gusmano Soli, *Chiese di Modena* (a cura di Giordano Bertuzzi), Modena 1974.

Aa.Vv., *Modena Ducale*, Modena 1978.

Aa.Vv., *Modena Medievale*, Modena 1978.

Giorgio Boni, Alberto Govi, *Modena. Itinerari storico-artistici*, Modena 1979.

Mauro Alessandro Lazarelli, *Pitture delle chiese di 'Modana'*, Modena 1982.

Giordana Trovabene, *Il Museo Lapidario del Duomo*, Modena 1984.

Aa.Vv., *Lanfranco e Wiligelmo. Il Duomo di Modena*, Modena 1984.

Aa.Vv., *Il Duomo di Modena. Atlante fotografico*, Modena 1985.

Cristina Acidini Luchinat, Luciano Serchia, Sergio Piconi, *I restauri del Duomo di Modena 1875-1984*, Modena 1987.

Orianna Baracchi, Carlo Giovannini, *Il Duomo e la Torre di Modena. Nuovi documenti e ricerche*, Modena 1988.

Patrizia Belloi, Elis Colombini, *Guida di Modena*, Modena 1989.

Aa.Vv., *Wiligelmo e Lanfranco nell'Europa romanica*, Atti del Convegno (Modena, 24-27 settembre 1985), Modena 1993.

Lidia Righi Guerzoni, *Modena. Guida storico-artistica*, Modena 1999.

Chiara Frugoni (a cura di), *Il Duomo di Modena* ("Mirabilia Italiæ" 9), 3 voll., Modena 1999.

Italiæ

l mondo ammira
mondo ha mai fatto

O PANINI
00 Modena
info@fcp.it – www.francopanini.it

La Libreria Piccolomini nel Duomo di Siena
a cura di Salvatore Settis e Donatella Toracca
volume unico

Palazzo Te a Mantova
di Amedeo Belluzzi
due volumi

Il Duomo di Modena
a cura di Chiara Frugoni
tre volumi

La Basilica di San Pietro in Vaticano
a cura di Antonio Pinelli
quattro volumi

La Basilica di San Francesco ad Assisi
a cura di Giorgio Bonsanti
quattro volumi

La Villa della Farnesina a Roma
a cura di Luitpold Frommel
due volumi

Mirabilia Italiae

La collana comprende 12 titoli in 29 volumi stampati su carta patinata opaca nel formato di cm 24 x 31. La legatura è in raso di seta nero con impressioni in oro su plancia e dorso. Ogni volume è custodito in un cofanetto rigido rivestito in raso di seta con impressioni in oro e icone applicate a mano.

Stampa
Industria Grafica FG
Savignano sul Panaro (Modena)

Finito di stampare
nel mese di Febbraio 2006